お客様相談室の教科書

難クレーム対応から消費者志向経営まで

齊木 茂人

目次

はじめに……8

第1章 お客様相談室を進化させる7つのマインドセット……11

1 企業で最も行きたい部署にする……12
2 他部門をお客様とする……16
3 伝える価値を常に意識する……20
4 プロフィットセンターと位置づける……25
5 専門家集団をつくり出す……31
6 現場主義を貫く……35
7 未来と社会を意識する……39

第2章 メンバーファーストを実践する 43
1 カスタマーファーストよりメンバーファースト 44
2 メンバーのキャリアプランを支援する 47
3 「外」に目を向ける人を育てる 50
4 メンバーに影響力を持たせる 55
5 メンバーが困ったときの「エスカレーション」の極意 58
6 システムはメンバーをサポートする 62
7 メンバーのストレスを考える 67

第3章 お客様対応の仕組みを構築する 71
1 「NPS」を用いる 72

2 お客様相談室のホームページを充実させる……76
3 お客様対応3つの方針「迅速」「正確」「丁寧」……79
4 応対品質向上のトレーニング法……84
5 お客様の心をつかむ10の技法……91
6 「感情」は「事柄」ではなく「背景」から生まれる……96
7 目的に応じた記録の仕方……99
8 メール対応と手紙対応……104
9 高齢者に寄り添う対応……109
10 発達障害者への対応……116
11 外部評価機関の活用……120
12 お客様対応よくある10の質問……125

第4章 難クレーム対応……133

1 苦情と難クレーム……134
2 苦情対応3つの心構え……138
3 難クレーム2大原則「窓口1本化」と「原状回復」……141
4 難クレームは組織で対応する……146
5 なくてはならない「時系列」……152
6 訪問対応のポイント……156
7 SNSへの対応……161
8 これだけは知っておきたい関係する法律……168
9 「カスハラ」を考える……174
10 難クレームよくある10の質問……177

第5章

リスクマネジメントと危機管理に強くなる……185

1 リスクマネジメントと危機管理の違い……186
2 最悪の事態を想定し常に主体的に動く……189

3 災害や緊急事態発生時の備え……192
4 自主回収判断には消費者視点が大切……197
5 自主回収を想定した準備……204
6 自主回収時の対応は組織強化と人材育成につながる……208
7 消費者視点に立った自主回収……211

第6章 先進的VOC活動

先進的VOC活動……215
1 お客様に一番近い存在として役割を果たす……216
2 「収集」に必要な応対品質の質と量……220
3 「分析」はメンバーの気づきから……222
4 VOC「活用」の仕組みをつくる……228
5 マーケティングリサーチは攻めのVOC活動……232
6 VOCツールを活用する……237
7 カスタマーエクスペリエンスの実現……240

第7章

消費者志向経営の推進を目指す……245
1 消費者志向経営推進の背景……246
2 SDGsの目標達成につなげる……250
3 お客様相談室が主体的に推進する……255
4 双方向コミュニケーションとは何か……260
5 社会の課題解決に向けてどう取り組むか……266
6 ネガティブ情報の開示に向けて動き出す……269
7 消費者志向自主宣言の取り組み方……273
8 消費者志向経営推進の効果……278
9 先進的取り組み事例を学ぶ……283

おわりに……295

はじめに

お客様相談室の価値向上は、企業の価値向上、消費者志向経営の推進につながります。そのためには、何をしたらよいか、どのように取り組めばよいかをお伝えします。お客様相談室の仕事は多岐に渡ります。また専門性も要求されます。お客様からの電話を受け付けてお客様に満足していただくだけの時代は終わり、大きく変化しています。

クレーム対応の書籍は数多くあります。最前線でお客様と向き合う対応者にとっては心強いものです。しかしながら、お客様相談室においてクレームを含む苦情対応の仕事は、一部に過ぎません。苦情対応とＶＯＣ（voice of customer：お客様の声）活動は、車の両輪です。さらにお客様の不満や課題解決を通じて消費者全体、そして社会全体に目を向けた取り組み、消費者志向経営の推進を主体的にすすめる役割があります。お客様対応全般のプロセスにおいて、クレーム対応は点に過ぎません。電話応対の質を高めることがお客様対応の原点にあります。応対品質の向上に取り組むことは、お客様に満足いただくだけでなく、クレームの発生を抑え、声の活用にもつながります。

私は、企業のお客様対応部門の最前線の立場にいて経験を積むことができました。また、他の企業のお客様相談室のみなさんとの交流を通じて多くのことを学びました。お客様相談室のマネジャーや室長の役割として、クレーム発生時は常に前線に立ち、組織を動かすことが大事なことと痛感してきました。また、お客様の声を活かし、消費者視点の企業文化を醸成するためには、お客様相談室が中心になって仕組みをつくることが大事だと考えています。

お客様の声は減らしてはいけません。増やすこと、さらに多くのことをお客様に話していただく視点を持っていただきたいと思います。質の高い多くの声を集めることは会社の財産、社会の宝となります。昨今は、事業の分業化によりお客様の生の声が届きにくくなっています。製造ラインの方は、お客様の声を聴くことで商品づくりに気持ちが入ります。開発担当者はお客様の声から気づきを得てよりよい商品づくりができます。間接部門や経営層は、正に現場感覚を身につけるために常に声を聴く必要があります。それぞれの立場で声を聴く仕組みと文化をつくることが大切です。

難しい対応のお客様に関して「カスハラ」という言葉が取り上げられています。マニュアルや対応フローの作成を求められていますが、組織できちんと対応できれば「カスハラ」という言葉もなくなります。逆にこの言葉が独り歩きすることで、本来あるべきお客様視点から離れていく恐れがあると感じています。

お客様相談室の立ち位置は企業により様々です。まだまだ、その地位が認められない企業が多くあります。お客様相談室が少人数の企業であったり、品質保証や総務などの部門に所属するメンバーが兼任している企業もあります。このことは、入電件数に応じた組織体制となるため、いたしかたないことです。しかしながらこのような立場の方にこそ、お客様対応の魅力や先進的事例を知っていただきたく思います。

本書は、お客様対応に関係する方に向けて執筆しました。特に、お客様相談室のマネジャーや室長の方、あるいはその立場を目指す方に手に取っていただきたいと思っています。お客様相談室は、マネジャーや室長の考え方や行動が大事です。マネジャーや室長は、お客様相談室や会社を変え、さらに社会に変化をもたらすことができます。そして、日本を支える中小企業のみなさまに、お客様相談室の在り方を知っていただきたいと思っています。中小企業のお客様相談室には、なかなか情報が入りません。孤軍奮闘している方のお話を耳にします。

本書を通じて一人でも多くの方がお客様相談室に魅力を感じ、社内で最も行きたい自慢の部署となるように願っています。

第1章

お客様相談室を進化させる7つのマインドセット

1 企業で最も行きたい部署にする

お客様相談室を進化させるために

この章では、お客様相談室*1を進化させる7つのマインドセット*2をお伝えします。これは企業*3や社会における、お客様相談室の価値を高めるための心構えや信念となります。マネジャーや室長といった立場の方は、是非このマインドセットを使ってお客様相談室を進化させてください。

まず1つ目は「企業で最も行きたい部署にする」というマインドセットです。一昔前までのお客様相談室は、多くの企業で苦情処理係と位置づけをされていました。メディアにおけるイメージはどうでしょうか。暗く、厳しく、できれば行きたくない、関わりたくない部署というイメージが強いのではないでしょうか。現在でも、お客様相談室は、苦情を淡々と処理していればよいという企業もあるくらい、まだまだマイナスなイメージが強いのが現実です。しかし、この10年ほどの間に、企業の中におけるお客様相談室の役割と位置づけが大きく進化してきたのも事実です。そして、消費者や社会に目を向けて、お客様相談室は何をしなければならないのかが見えてきました。

お客様相談室の魅力を伝える

お客様相談室で働く方の多くは、様々なケースで異動を伝えられ、配属になったかと思います。中途採用で希望して仕事に就いた方は別として、自分自身で希望した方は稀で「何で自分がお客様相談室に」と、考えている方がほとんどではないでしょうか。人事関連部門の方でも、お客様相談室の存在価値と企業の中における重要性についてしっかりと認識している方は少ないと感じています。

お客様相談室のマネジャーや室長といった立場の方は、お客様相談室の魅力を伝える立場にあります。お客様相談室の価値を高め魅力を伝える仕組みをつくり、環境を整えなくてはいけません。まずは「企業で最も行きたい部署にする」というマインドセットを持つことが大切です。

異動は従業員にとって、会社人生における転機と言えます。不安からスタートして当然です。お客様相談室に関する情報はゼロに近く、異動の際には余計に心配だと思います。マネジャーや室長は、お客様相談室がどんなところなのか、どれほど重要かをしっかりと社内に発信することを心がけましょう。

お客様相談室のマネジャーや室長は、部門を横断して担当者にお客様相談室の仕事内容を伝えます。その中で、お客様視点の考え方や取り組みを伝える使命があります。「使命」と書くと重たく感じるかもしれませんが、新入社員研修やコンプライアンス研修時にお客様相談室として時間をもらいお客様視点について共有をしてみるのはいかがでしょうか。お客様*4の傾向や変化などは、営業会議や経営会議の時間を割いてでも伝える意味があると私は考えています。

お客様相談室の中で自分自身が取り組んでいることやお客様の状況、視点や考え方を話すだけでも、お客様相談室の魅力や重要性は伝えることができます。1人でも多くの他部門の方に興味を持ってもらうことが大事です。まずは行動を起こし、しっかりと自分たちの仕事を社内に伝えましょう。

コラム

大学で講師となる。

お客様相談室のマネジャーや室長の中には、お客様相談室に勤務していながら大学で講師として登壇している方もいます。テーマは「企業におけるお客様視点」や「お客様視点に向けた具体的な取り組みなどです。学生は講義を通じてその企業を身近に感じ、ファンになってくれることも多々あります。

私が講演した場合は、必ずアンケートやレポートを書いていただくようにお願いしていています。学生からのアンケートを読むと感動することが多々あります。この企業に入りたくなった、お客様相談室の仕事に魅力を感じたなど率直な意見を書いていただけます。お客様相談室に関わる方の話は、学生が企業の現場を肌で感じることができることから、今後増えていくと考えられます。学生は、未来を創り未来に生きる貴重な方々です。その学生に対して、影響力を発揮できる場がある、ということに関心を持っていただければ嬉しく思います。

注

＊1　企業における消費者対応部門の名称は様々ですが、本書では「お客様相談室」を用います。

＊2　経験や知見により構成された、新しい考え方と枠組みを指します。

＊3　行政や法律においては「事業者」という言葉を用います。本書では、行政や法律の引用以外は「企業」を用います。

＊4　本書では「お客様」は、商品・サービスを受け取る人や組織を指します。「消費者」は、より広い範囲における商品・サービスを消費する人とし、他社の商品・サービスを購入する人や、将来自社の商品・サービスを購入する可能性のある人を含めたものとします。

2　他部門をお客様とする

情報の質や量が重視される

2つ目のマインドセットは「他部門をお客様とする」です。お客様相談室のマネジャーや室長は、この考え方を持ち組織に浸透させることで、取り組み方が大きく変わり、成果につながります。成果とは、お客様満足の向上であり、お客様に選ばれ続ける企業となることです。

ＩＳＯ９００１＊5においても、組織における「顧客（お客様）は誰か」を定義することは大事な視点となります。組織は、お客様に満足してもらうために、構成メンバーの力量を問い、効果検証法を考えます。一般的に、お客様相談室のお客様と問われると、商品やサービスを購入していただいた人と答えます。しかし私は、企業内の他部門の組織や人をお客様に加えました。お客様相談室メンバーが、他部門をお客様とする考え方を持つと、電話応対＊6のミッションが変わります。お客様から引き出す情報の質や量が重視されることになります。電話やメール対応の中から、他部門に有益な情報を引き出すことや、他部門が何を望んでいるか、何に困っているかに関心を持つことにつながるからです。

他部門の立場に立ってお客様に関心を持つ

たとえば、お客様から商品の販売店舗の問合せが入りました。お客様視点に立って販売店を紹介する。気持ちに寄り添ってご不便をおかけした旨お詫びする。電話してまで探していただいたことに感謝しお礼の言葉をお伝えする。ここで終了となります。しかし、応対メンバーが営業や開発、製造の視点、立場に立つとどうでしょうか。

商品が置いてない、買えない、その原因に関心を持ち始めます。

・今まで販売していたのに売らなくなったのかな?
・品切れを起こしているくらい売れているからかな?
・売り場の位置が変わって、わかり難かったのかな?

また、なぜ、お客様は、電話してまでこの商品を探しているのかについても考えたくなります。

・親しい人から、この商品をすすめられたので探しているのかな?
・他の人からもらい、食べて美味しかったから探しているのかな?
・商品のどこかすごく気に入ってもらえたところがあったのかな?
パッケージかな?使いやすさかな?味かな?価格が安かったからかな?

このように、知りたいことがたくさん出てきます。この答えをお客様から引き出すことが、他部門への大きな貢献となります。この答えの中にお客様の不満や要望、お店の課題が隠れています。そしてこの課題に取り組みよりよい商品やサービスを生むことが、お客様への還元となり、お客様満足の向上、お客様に選ばれ続ける企業へとつながります。

メンバーとの話し合いを重ねる

マネジャーや室長が、まずこのマインドセットを持ち、その上で、メンバーへ浸透させて行きます。今まで何気なく応対の中において、お客様に質問をしていたメンバーもいるかもしれません。多くのメンバーは、お客様からの質問に答えたら電話を終える、お客様の貴重な時間を奪ってはいけない、応対時間も長くなってはいけないと思っています。意識を変え、取り組みを変えるには、十分な話し合いをした上で、時間をかけてでもメンバーに理解してもらうことが必要です。

この考え方を浸透させるためには、考え方の言語化、可視化がポイントとなります。企業には、ミッション、ビジョンがあります。お客様対応部門においても、これらを踏まえた、部門独自のミッションやビジョン、対応方針の作成をおすすめします。このミッションの中に、お客様満足の向上に加えて、他部門貢献や他部門満足の向上の視点を加えます。「他部門をお客様とする」というマインドセットは、メンバーに浸透させるために、繰り返し会議や発表などの場で伝えていただくことが大切です。

注

＊5　国際標準化機構が制定した、品質マネジメントシステム

＊6　「応対」と「対応」言葉を使い分けます。「応対」は、相手（人）に応じて受け答えすることです。「電話応対」は、電話をかけてきた人に応じることになります。一方「対応」は、人に限らず、事柄や状況に対しての行動です。「お客様対応」は、お客様の状況に対する行動となります。

3 伝える価値を常に意識する

お客様相談室の価値とは何か

部門の価値について考えてみたいと思います。業種や業態によっても異なりますが、企業には、なくてはならない部門、全ての企業に置かれている必須部門があります。たとえ

ば、営業、人事・総務、経理などです。製造業であれば、品質保証も必須部門です。消費者対応部門も販売先が消費者であれば必要と言えます。しかしながら、お客様からの苦情を受け付け、返答する業務だけで捉えるとその価値は十分ではありません。その対応の品質が高いこと、それがお客様満足につながることで価値が認められます。さらにその声を活かす仕組みや、お客様視点の文化を企業に醸成する仕組みを持つことで価値は高まります。

開かれたお客様相談室をつくる

3つ目のマインドセットは「伝える価値を常に意識する」です。他部門や経営層、そして他の企業や団体、社会にお客様相談室の価値を伝える意識を持っていただくことです。意識を持ち、行動に起こす役割は、マネジャーや室長にあります。価値を伝えるには「開かれたお客様相談室」をつくりあげることが大事です。相談室の部屋には、入り難い、入ったことがないという声を耳にします。気軽に入ってもらうためにはどうしたらよいかを考えます。セキュリティの問題があるため、扉を開放というわけにはいきません。また、お客様相談室の置かれている場所がオープンスペースの場合、他部門の声を拾わないようにするために、一番端のスペースを使用することが多いと思います。これらを配慮した上での「開かれたお客様相談室」とは、次に掲げるようなことです。
・マネジャーや室長が他部門との密なコミュニケーションをとること
・室内見学が自由であることを広く伝えること
・見学できるスペースをつくること
・いつ見学しても、新しい情報やお客様の声情報に触れることができること
・他社との交流を行い、お客様相談室の見学をオープンにすること
・学生や地域の人にも見ていただけるようにすること

個人情報の取り扱いに十分配慮した上で、お客様相談室の持つ情報を積極的に公開することにより、価値を伝えることができます。情報は、その時々のトピックに合わせタイムリーに発信します。お客様の生の声は記録し、録音して大切に保存します。大切に保存されたお客様の声は、お客様相談室だけではなく、企業の価値ある財産となります。

経営層を巻き込む

「伝える価値を常に意識する」というマインドセットは、マネジャーや室長にとって必要ですが、経営トップや経営層、部門長の方にも持っていただきたいものです。経営トップが、全従業員に対し、挨拶の場などでお客様相談室の価値を伝えることは、大きな意味を持ちます。お客様視点のことやお客様の声に触れた話を聞くことは、お客様相談室メンバーにとっても大変嬉しく励みになることです。日常的にお客様視点について触れることは、お客様相談室の価値向上につながります。また、経営層や部門長は、お客様視点を持つことの大切さを会議などで話すことがあると思います。このときに、具体的なお客様の声や、最近のお客様の傾向などを加えて話すと効果的です。

コラム

「お客様相談室の価値向上に取り組みましょう」と発言すると「私たちはまだまだ地位が低く地位向上からです」との話を聞くことがあります。特に、お客様の声が入りにくい企業や、声の件数が少ない企業では、致し方ないことかもしれません。声が少ないと影響力も発揮できません。品質保証などの業務と兼任の場合も多々あります。しかしながら、1件の声であっても貴重な声です。声を増やす努力や取り組みも必要です。問合せ先はわかりやすく案内できているか、問合せしやすい仕組みがつくれているかを見直すことが大事です。地位向上は道半ばであっても、お客様相談室の価値に目を向けて価値を伝える役割を担っていただければ、確実に地位も向上します。

4 プロフィットセンターと位置づける

LTVにより数値化される

4つ目のマインドセットは「プロフィットセンターと位置づける」です。お客様相談室を、コストセンターではなく、利益を生むプロフィットセンターとして位置づけます。顧客生涯価値（LTV：Life Time Value）という言葉があります。1人の顧客が生涯その商品を購入し続けることによって得られる価値を示したものです。生涯と言っても、購入する期間は、商品特性によっても異なります。ベビー用品やシニア向け商品など一定の期間だけ購入する商品もあります。

たとえば、あるシューズが1万円とします。現在の年齢が40歳で仮に70歳までの30年間年に1回購入を続けると30万円となります。この30万円が顧客生涯価値となります。そのお客様が40歳の友人に同じブランド商品をすすめ、友人も生涯顧客となった場合、さらに30万円を生み出すことになります。一方、お客様は苦情を体験することでそのブランドや企業から離反していくことがあります。お客様相談室への申し出は、その離反を阻止し、紹介者の獲得につながります。お客様相談室は、コストセンターではなく、プロフィットセンターとの考え方は、生涯価値と阻止できた人数や離反率を数値化することで示すことができます。

離反率と推奨者を知る

この離反率を体系的に示したものが「グッドマンの法則」＊7です。

第一の法則は「不満を持った顧客のうち、苦情を申し立て、その解決に満足した顧客の当該商品・サービスの再購入率は、不満を持ちながら苦情を申し立てない顧客のそれに比較して高い」

第二の法則は「苦情対応に不満を抱いた顧客の非好意的な口コミは、満足した顧客の好意的な口コミに比較して、2倍も強く影響を与える」

第三の法則は「企業の行う消費者教育によって、その企業に対する消費者の信頼度が高まり好意的な口コミの波及効果が期待されるばかりか、商品購入意図が高まり、かつ市場拡大に貢献する」

苦情をいただいても、お客様への対応次第で離反率を下げ、再購買につながり推奨者が増えることを示しています。離反率や推奨者を数値として捉えるためには、調査を実施します。この調査の手法としては、友人・知人への推奨度合いを11の段階から選択するNPS®による顧客ロイヤルティ調査が望ましいと考えます。不満足の内容を把握し改善することによりプロフィットを生み、顧客のロイヤルティにつながります。調査につきましては、第3章で改めてお伝えいたします。

「グッドマンの法則」の理論とNPS®の結果により、顧客生涯価値の考えを取り入れます。取り入れた結果は、数値化、金額換算まで行うことができます。金額を示すことは、社内においても価値ある新鮮な指標とみられることでしょう。マネジャーや室長は、お客様相談室がプロフィットセンターであることを意識し、具体的に発信すること、さらに自部署をプロフィットセンターとして厚みを持たせることが大切です。

アウトバウンドの視点を持つ

別の視点から、プロフィットセンターの位置付けを考えてみます。お客様相談室の業務は、インバウンドとアウトバウンドがあります。インバウンドは、申し出を待つスタイルです。アウトバウンドは電話やメールによりお客様に積極的アプローチをするスタイルです。企業の中には、インバウンドを行うだけではなく、アウトバウンドも行う、もしくは、アウトバウンド専門の部署を持つ企業もあります。これは通販会社や規模の大きなコールセンターにおいて見受けられます。マネジャーや室長は、現在のインバウンドに加えてアウトバウンドの視点も視野に入れて日々の業務を行うことも大切です。インバウンドの応対メンバーは、商品知識を持ち、伝える力があり、質問に的確に応える力を持っているためアウトバウンドでもその資質を発揮することができます。お客様満足度の高いアウトバウンドは、優秀な営業マンと同じく会社にプロフィットをもたらします。

応対メンバーは営業部隊

インバウンドにおいても、営業サポートを行うことによりプロフィットセンターとしての役割を担うことができます。お客様とのコミュニケーションが取れていれば、自然な会話の流れの中で、別の商品の紹介を行うことができます。応対メンバーは、企業の製造者の立場ではなく、使う立場、消費者の立場から紹介することができるからです。使う立場からのメッセージは、共感を呼び心に響きます。たとえば、新商品や違う色、サイズ、味などの商品紹介です。商品についての情報は、店頭あるいはＣＭなどでしか知らないお客様ばかりです。しかし、企業の品揃えは多岐に渡り、定期的に新商品も発売されます。別の商品の紹介を行うことにより、貴重なお客様の声を引き出すことができる可能性もあります。実際、筆者が体験したことをお伝えします。商品が気に入り、販売しているお店を問い合わせて来たお客様がいました。残念なことに近くに該当するお店は無かったのですが、応対メンバーは、お客様の意図を汲み取り別の商品を自然な会話の流れで紹介していました。すると、その商品を知らなかったお客様は「それでは、今度お店で探してみますね」と仰ってくださいました。この会話をリアルタイムで聞いていた当時の営業責任者は「ここにいるみなさんは、正に営業部隊だな」と、感心していただけたことを記憶に留めています。お客様の願望や不満に目を向けていれば、常に提案の機会があります。満足いく対応や提案は、ファンとなっていただく、ロイヤルカスタマーづくりにもつながります。

注

＊7　「グッドマンの法則」マーケティング会社TARP社の代表を務めていたJohn A・Goodmanの名前に由来しています。1975年～1979年と1982年の2回に渡りアメリカ連邦政府の消費者問題局が行った「アメリカにおける消費者苦情処理」調査の結果から、この調査を担当したJ・グッドマン氏が発見した法則です。「グッドマンの法則」

という言葉は、佐藤知恭教授（1929-2006）により定義されたものです。
調査は1970年代から1980年代にかけて行われたものですが、調査結果を基にした法則は、現在でも活用されています。ネットが普及した今日では、非好意的な口コミの影響は、好意的な口コミの4倍以上と言えるでしょう。グッドマンの法則からは、電話をいただけることが大事であること、満足な対応は再購入につながることがわかります。さらに、再購入はお客様相談室が利益を生むプロフィットセンターであることを示すことになります。

【参考文献】

・池田康平『消費者新時代』星雲社（2020年）
・佐藤知恭『あなたが創る顧客満足』日本経済新聞社90~92頁（2000年）
・ジョン・グッドマン『グッドマンの法則に見る　苦情をCSに変える「戦略的カスタマーサービス」』リックテレコム（2013年）

5 専門家集団をつくり出す

専門性は目標の達成や夢の実現につながる

5つ目のマインドセットは「専門家集団をつくり出す」です。お客様対応に関する専門家となることは、お客様満足を高めるだけではありません。専門性を高めることは、メンバー自身の目標達成や夢の実現につながります。社内講師を務める、他企業や大学、地域などで講演することもその一つと言えます。また、作文や論文のコンテストに応募することや、出版に挑戦することもできます。さらに、将来は専門性を活かして起業を選択肢に入れることができます。そのための支援をマネジャーや室長は、行っていただきたいと思います。それでは、お客様対応の専門家として、どのような専門性を高めるべきか見てみましょう。

高める専門性

・「聴く力の専門家」　お客様相談室における最も重要な専門性と言えます。お客様からの信頼を得るためのベースとなります。日々の対応の中で一番多くの時間を費やします。
・「話す力の専門家」　伝える力につながります。1件1件の対話の中で伝わらなければ、お客様の満足度は、低いものになります。
・「書く力の専門家」　メンバーは応対内容を記録します。文章化して発信します。お客様相談室は、企業内で最も発信量が多い部署の1つです。従業員にとって読みやすい内容、文章力が求められます。
・「読む力の専門家」　メール対応が増えています。短いメールの中でお客様の申し出を読み取る力量が求められます。文字だけではなく行間の中から真意を読み取るためには、知識や経験に加えて感性を磨くことが必要となります。
・「質問する力の専門家」　聴く力や話す力をベースとした専門性です。自然な会話の流れの中で質問する力を備えることで、お客様の声の活用につながります。
・「応対スキルの専門家」　お客様の話を受容し、共感した上で伝えるべきことをわかりやすく伝える、誤解を招かないためのＮＧワードなどを知り、身に着ける必要があります。

・「難クレーム対応の専門家」 難クレームの対応で肝心なのは、初期対応です。初期対応をきちんと行い、クロージングに向けては、応対メンバーのリーダーもしくは、マネジャーや室長が組織として対応することになります。
・「分析の専門家」 お客様の声を発信する場合、声を分析して発信することが求められます。マーケティングリサーチの考え方や手法を学び実践することで、お客様の真意をつかみ、生活実態を把握することができます。
・「商品の専門家」 使用者としての立場から商品やサービスの専門家となります。製造工程などを知ることも大切ですが、消費者目線で使用に関する利点や課題点をつかむことができます。
・「コミュニケーションスキルの専門家」 聴く、話す、質問する力を持つ中で、言い難いことをうまく伝える力を身につけます。相手を尊重しつつ主張を行う「アサーション」のスキルを取得することもその1つに含まれます。

専門性を高めるために環境を整える

専門性は、お客様対応の実践や研修を通じて高めます。業務時間内に研修やトレーニングを行う場合は、目的と達成目標、効果を明らかにすることを前提として、対象者、時間、場所を考慮に入れて、公平感、納得感を意識して実施します。メンバーの中から指導者を育成する場合は、指導者の位置づけを明確にした上で、他のメンバーにとっても目指すべき対象とします。指導者となるメンバーに対しては、会社としてどのような支援が行えるかを考えます。

専門家の育成は、個人の考えを尊重します。押しつけは、本人のためにも会社のためにもなりません。しかしながら、お客様と日々対話をする中で、一番大切な「聴く力」は、全員に共通する専門性としての意識を持って高めていただきたいと思います。その上で、マネジャーや室長は、各自の強みを生かした専門家集団となるよう、環境を整備します。専門性を高めるための環境とは、時間的配慮や場所の確保だけではありません。マネジャーや室長は、メンバー自身の目が専門性に向く職場の雰囲気づくりを意識します。また、専門性は短期間では身に付きません。中長期の目標設定を行い、計画的に専門性を身につける支援を行います。

マネジャーや室長は「専門家集団をつくり出す」というマインドセットを持ち、メンバーが専門家となるための環境を整えます。そのために大事な考え方は、メンバーを最も大事な存在として捉えるメンバーファーストとなります。こちらは、第2章で詳しくお伝えいたします。

6 現場主義を貫く

お客様と接する現場を意識する

これまでのマインドセットは、主にマネジャーや室長の立場として、室の運営やメンバーに向けてのものでした。6つ目のマインドセット「現場主義を貫く」は、マネジャーや室長自身に向けた心構えであり、マネジメントを行うための土台となります。

お客様相談室には、お客様との接点である現場があります。特に製造業の場合は、企業内における接点としては唯一無二の存在です。営業もお客様との接点を持ちますが、多くの場合は店舗を通じてのものとなります。お客様相談室には、お客様自らが、自らの意思を持ってたずねてきてもらえます。電話やメールを通してのことですが、そのことに感謝し、特異性を意識しなければなりません。

お客様との対話を肌で感じる

マネジャーや室長は、現場に強く関わらなければなりません。

そして、メンバーとお客様との対話を肌で感じ取ることです。対話のリズムや沈黙の時間、メンバーの様子などからお客様の状態を察知します。お客様との対話を肌で感じ取り、必要に応じて支援を行うためにも、メンバーの近くに席を置くことが大事です。応対中に判断が必要な場合、迅速かつ的確なアドバイスが行えます。また、室内をふらふらと歩き回ることも大切です。雰囲気や状況をつかむことができます。

マネジャーや室長が現場に関わり、対応を肌で感じることにより、組織としての判断が必要な場合などは、即座に他部門を巻き込むことができます。マネジャーや室長が、お客様との現場に接しているからこそ、他部門の方にも現場感覚を持って協力してもらうことができます。

前向きかつ主体的に裏方から支える

厳しいお客様との対応において、前向きかつ主体的に関わることが大切です。マネジャーや室長自身にノウハウが経験として蓄積されます。難クレームなどの場合、第一声から応対録音を聞き直します。その際、重要なことは、メンバーファーストの視点と謙虚さです。お客様対応の現場では、主役はお客様とメンバーです。マネジャーや室長は裏方からしっかり現場を見て支えます。マネジャーや室長が現場に寄り添う姿勢はメンバーからの信用につながります。自信を持って問題解決する姿は、メンバーから一番の信頼につながると考えます。また、他社のお客様対応現場を見ることで自社の問題や課題に気が付きます。そのためには、他社に自社の現場を見てもらうことも大事です。ご指摘の応対内容や個人情報は見せないように厳しく管理した上で、ここまでは社外にオープンにしてよいなどの基準やルールを決めておけばよいです。

5ゲン主義

ものごとを正しく捉え、問題の解決や改善を行う場合、現場・現物・現実の三現主義が大事と言われます。現場に行って、手に取って、触ってみることです。さらに原理・原則を加えて5ゲン主義とも言います。決まり事としての原理に、お客様対応の原則を加えた対応を行うことです。

メンバーは、お客様の声が入る現場にいて、商品やサービスの現物を知り、お客様の現実に接しています。マネジャーや室長にも同様の視点が求められますが、室全体を俯瞰した上で現場を見ることになります。電話応対を点ではなく、線や面としてみる、難しいお客様をクレーマーと安易に決めつけるのではなく、お客様対応全体の原理原則の中でプロセスを重要視して対応を判断することが大切です。

コラム

マネジャーや室長は、メンバーの席の周りをゆっくり、ふらふらと歩く、用件はなくても、ふらふらと歩く。なかなかできないことかもしれません。メンバーの仕事の邪魔になるのではないか、気が散って集中できなくなるのではないかと、危惧することばかりです。しかし、メンバーは望んでいることです。ただし、望まれるためには、メンバーとのコミュニケーションが必要です。信頼関係が必要です。信頼関係を構築中の場合は、迷わず、ふらつくことを実行してみることです。また、不定期にふらつく頻度を増やしてみてはいかがでしょうか。メンバーから苦情がでれば、ふらつき方が悪いか、信頼関係に至っていないかです。ふらふらと歩くことで自分自身の現状と課題が見えてくるかもしれません。

7 未来と社会を意識する

7つ目のマインドセットは「未来と社会を意識する」です。マネジャーや室長は、未来を見据え逆算して今を見ること、社会から逆算して目の前のお客様を見る、この2つの視点が大事です。

未来を見据えることとは、未来に向けて持続可能なお客様相談室をつくることです。

若年層を中心に広がったSNSは世代を問わず活用される時代になりました。電話を貴重なコミュニケーションツールの1つとして残すためのアイデアを考える必要があります。電話を嫌い、問合せはネットで十分という声も聞こえてきます。多くの企業においては、トピックなどがなければ毎年入電件数は減っています。入電件数が半分に減った場合、そのままにしておけば経営的にはどのように見えるでしょうか。人件費は半分でよい、経費を減らせとの意見が出てくることでしょう。プロフィットセンターの視点やお客様の声の活用と言ってもお客様の声自体が入らなくなれば、お客様相談室の存続が危ぶまれることになります。

お客様相談室を持続可能な組織体として、価値を発揮するためにも声を集める必要があります。マネジャーや室長は、危機感を持って、入電件数を増やすためにはどうしたらよいか、電話の魅力を感じてもらうためにはどのような情報を発信したらよいかを考えます。また、電話の声だけではなく、SNSの活用や、ホームページの充実を考える必要があります。LINEから電話への連携、電話からLINEへの仕組みなどは、すでに構築されています。SNSと電話との融合を視野に入れることも大事です。

社会から逆算して目の前のお客様を見ることとは、社会や消費者全体に貢献できるお客様相談室をつくることになります。そのためには社会全体の潮流を意識し、流れを活用することが大事です。これまでは、CS*8の視点において、お客様満足を向上するにはどうしたらよいかを常に意識してきました。CSを土台として、CSRの視点を持ち、企業としての社会的責任を果たすこと、現実的にできることは何かないかについても考えてきました。CSVの視点を踏まえて本業に即してできることも探し始めています。ESG投資やSDGsと消費者対応との関係性がどうつながるかを意識することです。これら社会の潮流を捉えることとは、第7章にてお伝えする消費者志向経営の推進と大きく関わります。お客様相談室は傍観者ではなく、社会の潮流に企業を乗せて持続可能な「消費者市民社会」*9をつくる核となることができます。

注

*8 CS Customer Satisfaction：顧客満足
CSR Corporate Social Responsibility：企業の社会的責任
CSV Creating Shared Value：共通価値の創造
ESG Environment：環境、Social：社会、Governance：企業統治
SDGs Sustainable Development Goals：持続可能な開発目標

＊9　「消費者市民社会」とは、消費者が社会・経済・環境にとって有益な企業や有益な商品・サービスを積極的に選択することにより、よりよい社会が形成されていくとの考えに立った社会の在り方です。

２０１２年に成立した、消費者教育の推進に関する法律の第二条に定義されています。「消費者市民社会」とは、消費者が、個々の消費者の特性及び消費生活の多様性を相互に尊重しつつ、自らの消費生活に関する行動が現在及び将来の世代にわたって内外の社会経済情勢及び地球環境に影響を及ぼし得るものであることを自覚して、公正かつ持続可能な社会の形成に積極的に参画する社会をいう、としています。

第2章

メンバーファーストを実践する

1 カスタマーファーストより メンバーファースト

常にメンバーの立場に立って支援する

企業としては、お客様第一、カスタマーファーストを謳います。特に、お客様相談室は、お客様に一番近い立場として、カスタマーファーストの視点が大事です。お客様相談室メンバーにとっても「一番優先すべきはお客様」との考え方は、当然と言えます。しかし、マネジャーや室長からみて「一番優先すべきはお客様相談室メンバーである」という気持ちを持つことが大切です。

お客様相談室は、メンバーのお客様対応を通じてお客様満足の向上を目指します。向かう先がお客様であっても、メンバーの精神状態の安定なくしてよい応対はできません。お客様から厳しい指摘を受けたとき、応対者の対応が悪いとの指摘を受けた場合も常にメンバーの立場に立って支援する姿勢が必要です。

具体的な行動例としては次のようなことがあげられます。

・会議があっても、メンバーがお客様対応で困っていれば支援を優先する
・どのような作業をしていてもメンバーから声をかけられたら、メンバー対応をその場で優先する
・目線は同じ位置に合わせる
・メンバーの働きやすい環境づくりを優先する
・災害などが発生する恐れのある場合は、メンバーの安全を最優先に対応を考える

ＣＳとＥＳ＊1は、車の両輪との考えに変わりはありません。お客様相談室のマネジャーや室長の立場では、ＥＳを半歩優先することにより、より高い次元のＣＳが達成可能となると考えます。もちろんメンバー自身の成長やキャリアにもつながります。

室長はマネジャーを尊重しマネジャーからの信頼を得る

室長は、メンバーファーストの視点が大事ですが、注意すべき点があります。
室長は、メンバー同様に、直属の部下であるマネジャーを尊重することが、より大切な

視点です。メンバーの意見に耳を傾けた結果、マネジャーへの反発や批判がでてくることがあります。その際、マネジャーからも意見や考えをじっくり聞く姿勢を持っていただきます。マネジャーに対するメンバーの捉え方に誤解があるかもしれません。メンバーの考え方が正しければ、マネジャーと納得いくまで話し合いを重ねていくことが大事です。マネジャーは、室長や部長の方針の実行者であり、メンバーと直接関わります。マネジャーの方針や発言にメンバーが反発する状況は、避けなければなりません。マネジャーを飛び越えて、メンバーの目が室長に向き過ぎると、ワンマンワンボスの原則*2の組織運営が成り立ちません。室長は、マネジャーとコミュニケーションを取り、マネジャーからの信頼を得る心がけが大切です。

注

*1　Employee Satisfaction：従業員満足度　ESには、給料、福利厚生、業務内容、人間関係、働く環境などにおける従業員の満足度を指します。

*2　指示命令系統1本化の原則　上司の数は常に1人。1人の上司からの指示に従い行動し、報告もその上司に行うという組織マネジメントの原則。

2 メンバーのキャリアプランを支援する

企業を超えて通用する実践的能力「エンプロイアビリティ」

マネジャーや室長は、メンバーファーストの視点に立って、メンバーのキャリアプランを支援します。支援すべきことは2つ、将来目標の設定と能力強化です。

将来目標の設定は、3年、5年、10年、さらにその先の目標です。その目標がお客様相談室に関する業務の延長線上にあるか、全く異なる業務にあるかをメンバー自身が考えます。自分自身がこうありたいという「自己理解」を深めるためにもつながります。目標が定められないメンバーも多くいると思いますが、目標を定めることの意義を理解してもらうことが大事です。また、一度定めた将来目標が変更されることもあるでしょう。常に将来どうあるかを試行錯誤しながら、真の目標設定に到達するものと考えます。

将来の目標を明確にすることで、目標達成に向けた能力強化に目を向けることができます。「能力」は広い概念ですが、ここでは2つの能力に分けて考えてみたいと思います。

1つは、専門的な知識・技能です。お客様相談室としては、聴く、話すなどの電話応対技能を中心としたものになります。2つ目は、思考特性・行動特性としての能力です。お客様対応を通じて、判断力や洞察力が養われます。お客様相談室では、一人一人に裁量権が多く、お客様と1対1の電話応対により多くの要素が磨き上げられます。人間力そのものがお客様によって育てられることになります。この2つの能力を「エンプロイアビリティ」(employ-ability)と呼びます。これは「雇用」と「能力」をかけ合わせた言葉であり、企業を超えて通用する実践的能力のうち経験と訓練により向上が図れるものとしています。本来「エンプロイアビリティ」には、人柄・性格・信念なども含まれますが、これらは経験や訓練の影響を受け難いとされています。マネジャーや室長は、経験と訓練により向上が図れる、知識・技能と思考特性・行動特性の向上を支援することになります。

「エンプロイアビリティ」の向上は、企業を超えて通用する実践的能力として厚生労働省も推奨しています。お客様相談室においては、お客様対応能力だけではなく、分析する能力、発信する能力などを培う機会を持ち得ており、これらは専門的能力でありながら汎用的能力とも言えます。汎用的能力として、社内の異動においても活かすことが可能となります。営業やマーケティング部門に限らず、部門の中でお客様視点の文化醸成の推進役となることが可能です。他部門を一定期間経験した後に、マネジメントの立場で再度お客様相談室に再配属となることも組織の活性化にもつながるでしょう。

メンバーと目標設定をする中で、これらの能力のうち、どこに焦点を当てれば強みとなるかを決めて行きます。

実績を身につける

今後は、人材の流動化が進むと考えられます。専門性を高く持っていれば、その人材価値が高まり、よりよい条件で採用が決まる可能性が高くなります。たとえば、電話応対における指導者レベルのスキルを保持していれば、指導者として専門企業への採用や講師としての起業も考えられます。その際に重要なことは、客観的に評価できるキャリアを持っているかどうかです。たとえば、電話応対コンクール、地方大会で優勝した。電話応対技能検定指導者級を持っている。社外講師を50回行ったなどの実績です。

人によって、仕事に対する考え方は異なります。キャリアプランの押しつけはNGですが、キャリアアップの機会があること、それらを具体的に示し、支援することが大事です。

【参考文献】
・厚生労働省「エンプロイアビリティの判断基準等に関する調査研究報告書について」（2001年）

3 「外」に目を向ける人を育てる

育成の必要性を考える

メンバーファーストの視点に立った育成の1つとして、お客様相談室の「外」に目を向ける人を育てることが求められます。お客様相談室の席に着いて、お客様に向き合うだけでは、消費者視点は広がりません。専門的知識やスキルの向上にも限界が出ます。しかしながら、相談室の規模や立ち位置によっては、席を外すこともできない、外出など無理、といった環境にいる人も多くいます。そのような環境の企業にこそ、お客様対応の価値やメンバー育成の必要性を考えた体制づくりをお願いしたいと思います。以下の取り組みの中から、できることからでも計画的に実行していただくことをお願いします。

部外と社外に目を向ける

目を向ける先の「外」について考えてみたいと思います。

まずは、社内の他部門に関心を持つことです。製造業であれば、工場見学などの実施です。製造知識をお客様対応に活かすことができます。工場見学は、現場に触れるよい機会となりますが、目標を持って見学します。たとえば、原材料の入庫から、組み立て、梱包、出荷など、一連の製造工程を書き出すことができるようになる、といった課題を設定します。さらに、お客様に対してわかりやすく工程の説明ができることなどを目標とすることで工場見学の効果が高まります。

社外の現場としては、消費者と商品・サービスの接点となっている場面です。生活用品の製造業であれば店舗となります。ネット上のモールを見にいくことも外に目を向けることになるでしょう。サービス業であればサービスを行っている現場に足を踏み入れ、実際にサービスを利用してみることです。また、自社の商品・サービスだけではなく、他社商品が販売している状態を見にいくことも効果的です。高齢者体験の道具を用いて高齢者の視点に立った買い物を体験している企業もあります。

他企業のお客様相談室メンバーとの意見交換や交流の場を持つことも有効です。知識や経験を増やすことだけではありません。他の相談室メンバーとの交流を図ることで様々な気づきを得てお客様対応に活かすことができます。現場目線で他企業の参考となるべき点、自社に欠けている点の確認ができます。可能であれば、お客様相談室内の見学を行うことにより、刺激や気づきを得ることができます。

外部の研修や資格を活かす

講演会、研修、セミナー、展示会の活用です。知識の向上やスキルアップだけではなく、講師や説明する人の話し方なども学ぶことができます。コールセンター向けシステム機材の展示会＊3に参加することも有意義です。お客様相談室の規模の大小に関わることなく、最先端の情報を収集することができます。有益な最新のシステムや将来の導入を検討するための情報を手に入れることができます。

資格、検定を受けることは、短期間で効果的に知識やスキルを身につけることができます。関連する資格や検定は多々あります。置かれている立場やスキルのレベルに応じたものを選択する考えは大事ですが、より上位のレベルに挑戦することにより、メンバーの成長を加速することができます。

消費者団体や行政と接点を持つ

事業者（企業）の消費者関連部門の団体や消費者団体＊4、行政と接点を持つことを意識します。筆者は、多くの団体と関わることにより、様々な立場の消費者の方に接することができたと各団体の皆様に感謝しています。消費者と企業の関係は、消費者市民社会を形成する上での協働し合う存在、パートナーと位置づけられます。行政は、消費者庁を始めとし、国民生活センター、消費生活センター、経済産業省、食品であれば地域の農政局などです。立場が異なる行政や消費者団体との双方向コミュニケーションは、人を育てるだけではなく、人脈を核として影響力を持つ人材の育成につながります。多くの団体と接点を持つことが難しければ、お客様相談室の近くにある団体に申し入れをすることから始めてみてはいかがでしょうか。企業として持つ、商品の状況や特性、消費者情報などをお伝えすることで関心を持っていただきます。

「外」に目を向けた人の育成は、業務として行うかぎり、目的目標を明確にして計画的に行います。また、取得した知識や気づきをレポート化、データベース化し、お客様相談室の財産とします。さらに、他のメンバーと共有することでお客様相談室全体のレベル向上につながります。

注

＊3　情報の収集と活用において、参考となる展示会をお伝えします。

コールセンター／CRMデモ＆コンファレンス

主催者　株式会社リックテレコム 月刊コールセンタージャパン／インフォーマーケッツジャパン株式会社

＊4　多くの団体がありますが、筆者が影響を受けた主な団体を参考に示します。

■消費者関連団体

・公益財団法人　関西消費者協会
・公益社団法人 全国消費生活相談員協会（全相協）
・日本消費生活アドバイザー・コンサルタント・相談員協会（NACS）
・NPO法人 スマイル基金
・NPO法人 消費者支援機構関西（KC's：ケーシーズ）
・NPO法人 京都消費者契約ネットワーク（KCCN）
・NPO法人 ひょうご消費者ネット

■事業者団体

・一般社団法人 日本ヒーブ協議会

・公益社団法人 消費者関連専門家会議（ＡＣＡＰ）
・東海お客さま相談研修会
・お客様満足研究会（ＯＭ研究会）
■その他団体
・産学協働人材育成機構（ＡＩＣＥ）
・ＮＰＯ法人スマセレ（学生団体スマセレ）

4 メンバーに影響力を持たせる

ミッションやビジョンの共有が前提となる

メンバー1人1人が主体的に考え、社内外に向けて影響力を発揮することが理想の部門運営となります。お客様相談室には、お客様、消費者に貢献する、企業内にその文化を醸成する、などのミッションがあります。メンバーに影響力を持たせるためには、このミッションやビジョンがしっかり共有されていなければいけません。マネジャーや室長は、繰り返しミッションやビジョンを伝えることが大事です。

メンバーが影響力を発揮できるように支援する

メンバーが影響力を発揮する際に強みとなることが2つあります。1つは、お客様に一番近い立場にいることです。電話応対メンバーの声は、お客様の声であり、消費者の代弁者と言えます。メンバーは、消費者視点を活かし行動を取ることができます。2つ目は専門性です。知識と経験に裏づけされたお客様対応や分析、発信の力を持ちます。この専門性を社内外に向けての影響力とすることができます。

マネジャーや室長は、お客様相談室内におけるメンバー間の相互影響力にも目を向けます。メンバーは、強みとする専門性の中でも聴くスキル、分析スキル、発信するスキルなど、それぞれに強みがあります。さらに聴くスキルの中でも、抑揚や間の取り方のスペシャリスト、あいづちや復唱など親身さにつながるスペシャリストなど様々です。個性を生かし、相互に影響力を発揮し合える関係性が理想となります。

お客様相談室外に向けての影響力は、マネジャーや室長が仲介役となり支援する必要があります。お客様対応スキルや分析力を目に見える状態にします。消費者志向や専門性が経営層や経営トップに伝わると、メンバーが尊重される企業文化が醸成されます。

影響力はリーダーシップを高める

社内外における影響力は、リーダーシップを高めます。メンバー1人1人がリーダーシップを発揮し目標を達成することをシェアード・リーダシップと言いますが、マネジャーや室長の発想を超えた思考が生まれます。マネジャーや室長は、企業内の立ち位置やバランスに重きを置き、摩擦を避ける傾向にあります。しかし、メンバーの目は、社内ではなく、消費者や社会に真っすぐに向いています。消費者志向につながる思考は経営トップを動かす力になります。

メンバーが影響力を発揮した例をお伝えします。消費者志向を全社に浸透させることをミッションとしているお客様相談室の例です。消費者志向を従業員に周知するためのメッセージ動画を、手作りで作成したいというアイディアがメンバーから出てきます。室長は賛同し、担当役員にメッセージ動画を依頼しようと考えます。しかし、メンバーからは担当役員ではなく、社長にお願いしたいという意見が出てきます。さらに社内のホームページだけではなく、広く社会に発信するため、ホームページに掲載するべきとの考えを主張しました。メンバーの主張を取り入れたことで消費者志向が推進される契機となりました。同様の体験をした筆者は、メンバー1人1人が主体的に考え、影響力を発揮した瞬間だったと感じています。

5 メンバーが困ったときの「エスカレーション」の極意

エスカレーションするタイミング

お客様との電話応対において、1次応対者から2次応対者に電話を代わることを「エスカレーション」と呼びます。エスカレーションとなるケースは、様々です。

・「お前では、話にならないから上司を出せ」「社長を出せ」

・一方的に乱暴な言葉を使う方
・長時間にわたり、同じ話を繰り返す方
・不当な要求をする方

お客様から上司や別の担当に代われと言われて、すぐに代わるわけではありません。担当者を代える判断はマネジャーや室長が行いますが、このときの判断もメンバーファーストの視点に立ちます。マネジャーや室長は「いつでも代わりますよ」とのメモを書いてお客様応対中のメンバーに渡します。メンバーがもう少し頑張りたいとの考えであれば継続します。その際は、横について支援を行います。また、いつでも代われる準備が必要です。組織によっては、この役割をリーダーや、ＳＶが行う場合もあります。

応対メンバーが困らないように、エスカレーションメンバーを決めておくことが大事です。さらに、エスカレーションの優先順位を３人は決めておきます。エスカレーション優先順位１の人が不在の時は、優先順位２の人が担当するといった具合です。

エスカレーションは、その場ですぐに交代する必要はありません。折り返しの電話としてもよいです。時間を置くことにより、落ち着いてお客様に話をしていただくことができます。

聴くに徹する

交代して2次応対者が電話に出た場合の注意点です。多くは話さず、聴くに徹します。お客様は話を聞きたいのではなく、話を聞いて欲しいからです。1次応対者の対応のことに触れ、不満や不平を告げられる場合があります。この場合も聴くに徹する姿勢は変わりません。一方的な不満や不平の全てに対して同調する必要はありませんが、感情を受け止めることが大事です。その際、あいづちが重要な役割を果たします。あいづちは、受容と共感の姿勢を意味します。「はい」だけではなく「ええ」「そうなのですね」「わかります」などバリエーションを揃えておきます。また、同じ言葉でイントネーションを変え、抑揚を変化させることが大事です。気持ちをドンと構えて、落ち着いた声で対応することにより、お客様の感情に応えることになります。

終えた後が最も大事

エスカレーションで最も大事なことは、電話を終えた後です。交代した電話の内容を一番気にして聞いているのは1次応対者です。決して本人に非がなくても気になります。終えた後に1次応対者にかける一言が大事です。「普通の感じの人だったな」といった言葉がけは、NGです。応対者が代わり、お客様のトーンが変わることは多々あります。また、普通の感じと認めてしまうことは、1次応対者の対応に問題があったと本人や周りが捉えるからです。

1次応対者には、ねぎらいの言葉をかけた上で、さらっと「また、同じ方から電話があればいつでも出るからね」といった発言で、その場の空気をやわらげます。

録音を聞きなおし、1次応対者のどこかに問題があったのであれば、別な場所でしかるべき人からの指導を行わなければなりません。マネジャーや室長は、他のメンバーにも配慮した対応が求められます。

6 システムはメンバーをサポートする

お客様相談室は、様々なシステムを必要とします。システム導入の目的は、次の4点にあります。

・メンバーサポート
・お客様満足を向上させる
・会社のリスクを軽減する
・お客様の声を分析し商品・サービスに活かす

この章においては、メンバーサポートの視点に立ったシステムについてお伝えします。1台のパソコンに、お客様対応に必要な機能を搭載します。各社が出しているシステムには特徴があります。メンバーにとっては、使いやすさの追求が一番です。また、個々の機能が連結している仕組みを構築することで、メンバーサポートが強化されます。たとえば、商品情報や販売店舗を調べる際に、商品名や商品コードの入力が1回で済むことができれば、負担が減り、迅速な案内になります。

お客様対応の主なシステムとしては、CTI（Computer Telephony Integration）とCRM（Customer Relationship Management）そして、FAQ（Frequently Asked Questions）があります。FAQは、よくある質問ですが、システムに組み込むことにより、使いやすくなります。ここでは、CTIとCRMの機能についてお伝えします。

CTIシステムとは

CTIは、電話とパソコンを繋いたものです。主な機能を紹介いたします。

・入電時の自動音声案内
・メンバーへの入電の振分け
・通話の録音
・入電時にお客様電話番号やお客様情報の表示
過去の受付履歴などを確認できることで、応対メンバーが電話開始時に心の余裕を持ち、よりよい応対につなげることができます。
・電話の転送　お客様情報が表示されるため確認ができます。
・モニタリング　管理者が応対者の通話時間などを把握できます。

・自動音声ガイダンス（ＩＶＲ）着信があった際に自動音声で一次案内を行う機能です。該当番号を選択した後に応対者につなぎます。入電件数が多く、商品・サービスが多岐に渡る場合に用いられます。

ＣＲＭシステムとは

ＣＲＭは、顧客関係管理を指します。顧客とは信頼関係をつくることが目的となるため、顧客関係管理は、顧客信頼管理と言い換えることができます。次の機能を主なＣＲＭとして持たせます。

・応対者による受付内容の記録
・受付内容の分類
・顧客の属性などの記録
・関連部門への情報の共有
・お客様受付けから対応完了までの日数を管理

システムを連結させる

システムとして連結させることが可能な機能です。

・商品情報

企業内で非公開の情報を省き、お客様に公開してよい情報だけを抜粋して掲載します。また、お客様相談室独自で作成した商品情報を連結させます。商品やパッケージの写真だけではなく、実際にメンバーが使用してみた感想などを記載しておくことで、お客様に寄り添った対応が可能となります。

・販売店舗情報

営業の店舗ごとの売上情報システムを連結させることで、販売店舗の問合せに対応ができます。どのお店にいつ、どれだけ、何が納品されたかがわかる仕組みです。売上情報は、毎日更新することで鮮度の高い情報提供につながります。さらに情報は、文字化だけではなく地図上で示すとより便利です。応対者は、土地勘がなくても地図をみて案内ができるため、より親身な応対ができます。

・宅配業者引き取りシステム　苦情の品をお客様から預かる際、宅配業者に委託する場合があります。お客様の住所氏名を宅配業者の引き取りシステムのフォーマットに変換させます。応対者は1回の入力で済むだけでなく、入力間違えの防止にもなります。

システムを整えることで在宅ワークなども可能になります。2020年は新型コロナウイルス感染予防のため在宅ワークが急速にすすみました。在宅ワークの際、個人情報などをクラウド管理することで、自宅で記録した内容が残らない仕組みとなります。大型のコールセンターではすでに導入が始まりました。また、管理者は、モニタリング画面を通じて、誰が、何分会話しているかなどの時間管理が在宅においても可能となります。

在宅勤務の場合、メンバーとのコミュニケーションや電話応対支援が課題となります。モニター画面や、チャットを用いた支援などコミュニケーションツールの進化に期待します。

7 メンバーのストレスを考える

ストレス状況を把握する

メンバーのストレスを考えた場合、まず職場全体におけるストレスの現状を把握する必要があります。２０１５年12月より労働安全衛生法が改正され、従業員50人以上の事業場では、ストレスチェックが義務付けられています。50人に満たない場合は努力義務となっています。マネジャーや室長は、ストレスチェックの結果を個人別に確認することはできません。あくまで全体の傾向や年度推移、他部門との比較にとどまります。メンバーは、自身の結果を受けてセルフケアを行うことになります。マネジャーや室長は、ラインケアとして、メンバーがセルフケアを行うための支援、研修や情報提供などを行います。面談により会話の中からストレス度を確認することや、気になるメンバーがいないかをそれとなく聞き出します。一番大切なことは、メンバーとの信頼関係を築くことです。そのためには、メンバーに日々声をかける、メンバーからの相談ごとを優先的に親身に受け止める姿勢を持つことです。何らかのストレスがある場合は、気分の落ち込みなどの心理面、目の疲れや頭痛などの身体面、仕事での軽微なミスが続くなどストレスの反応が出てきます。変化に気が付く目と耳を持つことを心がけたいと思います。

ストレスを抑えるための環境づくり

少しでもストレスを抑えるために、環境面とコミュニケーション面から、次のことを紹介します。できることから検討してみてはいかがでしょうか。

まず、働く環境面です。オープンスペースであれば、できるかぎり端の一角にお客様相談室メンバーのデスクを置きます。外が見える窓側がよいです。隣、前とはパーテーションで仕切ります。応対メンバー以外の方と隣接している場合は、席を1つ分開けるくらいのスペースは確保したいものです。部屋として独立している場合も解放感、静かさ、広さ、トイレに近い場所など可能なかぎり配慮を行います。自分のデスクから離れて休憩できるスペースがあると心に余裕が持てます。また、細かな現場目線の話ですが、机の前に好きな写真を置いたり、業務中のお菓子類もストレスを抑える効果があります。

ストレスを抑えるためのコミュニケーション

次に、コミュニケーション面を考えてみます。お客様対応という業務の性格上、他部門にはない緊張感は、避けることが難しく、一定必要でもあります。難しいお客様との対応を終えた直後、周りのメンバーと会話をすることは、最も効果的なストレス解消法です。程度が難しいとは思いますが、入電が少ない時間帯の雑談も常識的範囲でＯＫとすることで気持ちがやわらぎます。メンバー間のコミュニケーションが良好であることが前提となり、マネジャーや室長が最も気を配る点と言えます。

マネジャーや室長は、自身の発言や行動がメンバーに対してストレスとならないよう、メンバーファーストの思考を持ち、発言と行動を一致させることが大事です。

第3章

お客様対応の仕組みを構築する

1 「NPS」を用いる

満足度調査と推奨度調査

マネジャー室長は、お客様満足の向上に向けた仕組みを構築します。お客様相談室では、お客様と直接接点を持つことができます。また、苦情の申し出であれば、個人情報も教えていただくことができます。お客様相談室特有の強みであり魅力です。この強みを生かし、満足度調査を行うことは、お客様相談室の責務と言えます。満足度調査の目的は、お客様からの気づきを得て応対品質の向上を図ることです。また、お褒めの言葉は応対者のモチベーションアップにつなげることができます。満足度調査は多くの企業で実施されていますが、ここでは、満足度調査の進化形とも言える、NPS® ＊1について紹介いたします。NPS（Net Promoter Score）は、顧客推奨度を示したものです。顧客ロイヤルティや顧客信頼度を測ると言われています。

推奨度を数値化する

満足度調査では、4段階や5段階の評価が一般的ですが、NPSは、11段階評価を行います。すでに、海外では主力企業が導入済みです。日本企業でも保険会社のコールセンターなどが活用し始めています。

1番目の質問は「この企業の商品・サービスを友人・知人におすすめしますか」とシンプルに質問し、11段階の中から推奨度を選択してもらいます。

2番目以降の質問により、1番目の質問に対する選択理由を伺います。この結果から課題や評価点の抽出ができます。

NPS調査は、お客様が商品を購入する時点から使用、廃棄など顧客接点ごとに質問を行うことでどこに課題や評価点があるかがわかります。お客様相談室は、評価結果を活用することにより、収益をあげるプロフィットセンターであることを示すことが可能となります。たとえば、苦情を申し出たお客様が、1番目の質問で推奨者となる9または10を選んでいただけたとします。2番目以降の質問によりお客様対応に感動した、といった結果が出た場合、苦情対応によりこの企業や商品の離反者となる可能性のあったお客様を再購入者に引き上げたことになります。さらに、友人・知人におすすめしていただくことで友人・知人が生涯顧客となる可能性まで広がります。NPSを業界共通の指標とすることにより同業他社との比較も可能となります。

お客様相談室が主体的に調査する

NPSは、まだまだ、認知度が低いため浸透には時間がかかりますが、多くの企業で導入されることを期待しています。この調査は、企業ブランドや商品、サービスの推奨度を図るだけでなく、研修や会議、企画イベントなどの評価としても活用できます。たとえば、研修を行った最後にNPS調査を行い、研修を他の同僚にすすめるか否かで、その研修の質の高さや効果が見えてきます。

NPSは、本来、マーケティング部門や経営企画部門が企業戦略の一環として行う調査です。NPSが社内に浸透するまでは、お客様相談室が主体的に調査を行い、仕組みを構築します。まずは、お電話をいただいたお客様を対象とし、顧客接点ごとに調査を広げ浸透を図ります。NPSが浸透することは、消費者の声に耳を傾ける企業となり、お客様相談室の価値向上にもつながります。

注

＊1 米ベイン・アンド・カンパニーのF・ライクヘルドが推奨度を数値化する手法として提唱したものです。顧客を推奨者（9・10選択）、中立者（7・8選択）、批判者（6以下選択）と3つに分類し、推奨者の割合から、批判者の割合を引いた値が、NPS®です。

コラム

eNPS（Employee Net Promoter Score）という従業員に対して行うNPS調査があります。米アップル社が導入し「職場の推奨度」を数値化したものです。NPSと同じ質問を従業員に行い、企業や職場の推奨度を測ることができます。eNPSのスコアを上げるには、業務内容や勤務状況だけではなく、人間関係やモチベーションが左右します。eNPSの活用は海外が先行していますが、グローバルな視点の中で、自社の立ち位置を確認することは大事なことだと思います。eNPSが国内企業に浸透することは「働き方改革」や「職場エンゲージメント」に向けた現状把握と職場改善につながることになるでしょう。

2 お客様相談室のホームページを充実させる

お客様に手間をかけさせない

お客様接点のひとつとして、ホームページの果たす役割は重要です。マネジャーや室長は、お客様に手間をかけさせず、不満足の解消などにつながるホームページ（お客様相談室のＷｅｂページ）の仕組みをつくります。

ホームページ上の「問合せ」は、企業のトップ画面からワンクリックでお客様相談室に飛ぶことが理想です。クリックする位置も、画面をスクロールして一番下から開くのでは手間がかかります。お困りごとを抱えるお客様の手間は、極力かけないようにしたいものです。将来に向けては、クリックする位置は一番右上など、業界を問わず共通になればわかりやすくてよいと願っています。

お客様相談室のサイトから、チャットで会話ができる企業が増えてきました。メンバーがチャットで返答する有人チャットとＡＩが対応をする無人チャット、いわゆるチャットボットがあります。導入企業は徐々に増えてきましたが、お客様から満足を得られる仕組みには至っていません。具体的な情報提供については、電話をかけていただくようお願いするなど、お客様に手間をおかけすることが見受けられます。要因の一つとしては、社内で応対メンバーが活用するＦＡＱ（質問と答え）にインプットする情報が不足しているため、ＡＩが学習しきれていないことが上げられます。今後、ニーズが高まるチャットボットを活かすためにも、インプット情報の整理と充実が欠かせません。

ホームページにおいて、お客様が直接確認する「よくあるご質問」は、重要です。常に最新の情報を掲載することやカテゴリー別に分類することが大事ですが、問合せの多い順に並べることもお客様の負担を軽減することになります。また、企業としてもホームページへのアクセス数やよくある質問の何に関心があるかなどは、貴重な情報源となります。ホームページにＡＩを導入し、問合せ順に自動並べ変えや分析を行うこともできます。このような新たな仕組みを導入する際には、お客様に手間をかけさせないで活用していただく仕組みづくりの視点を常に持つようにします。

電話応対とホームページを連動させる

応対メンバーは、お客様に電話にてお伝えした後に、詳しくはホームページのよくある質問をご覧になっていただくことへ誘導することもできます。また、画像や動画で電話による説明の補足をすることも可能です。逆にホームページの不足分を電話で補うように誘導する方法もあります。

HDI-Japan＊2という格付け機関があります。お客様対応の窓口評価を行う際に、電話応対とホームページをうまく連動させているかが、評価ポイントの1つとなっています。マネジャーや室長は、ホームページを充実させるだけでなく、電話応対メンバーがホームページの内容を把握し活用できる状態にすることが重要です。

注

＊2　HDI-Japan公式Ｗｅｂサイト（２０２1年）
世界最大のサポートサービス業界のメンバーシップ団体
世界で５０００を超える会員を有し、米経済誌フォーチュン・世界企業上位の多数が加盟し、世界中に１００の支部／地区会を有しています。

3 お客様対応3つの方針「迅速」「正確」「丁寧」

KPIを設定する

お客様対応は、「迅速」「正確」「丁寧」の3つを対応方針とし、心構えだけで終わらせるのではなく、仕組みをつくることが大事です。

まず、1つ目の「迅速」な対応は、入電時に待たせない「つながりやすさ」の追求です。これを応答率と呼びますが、入電いただいた件数のうち、つながった件数の比率を指します。応答率は、60%ほどの企業もありますが、90%以上をKPI＊3として目指します。また、電話に出るまでの応答時間を数値目標として掲げることにより、お待たせしない意識が高まります。現状を把握した上で、平均応答時間の目標値を設定します。NTTやKDDIなど各社は、入電件数や応答件数などのサポート機能を持っています。時間単位、日別単位、月単位で取ることが可能です。

1回目の電話で問題が解決できた割合を1次解決率と呼びます。お客様に折り返しの電話をする場合や、他のメンバーに代わる場合は、迅速な対応とは言えません。1次解決率を高めるためには、電話応対メンバーの商品・サービスなどの知識を高めることが必要です。1次解決率のKPIとしては、90％以上を目指します。

迅速な対応をするには、保留の時間を短くすることも大事です。保留時間のKPIは、企業ごとに設定しますが、無言で1分は、とても長く感じます。できれば45秒以内を目安にしたいです。45秒以内の返答が難しい場合は、中間の報告をいれます。「お時間がかかり申し訳ございません。只今、お調べしておりますが、もうしばらくお待ちいただけますでしょうか」または「お時間がかかり申し訳ございません。改めてお電話をいたします」とお伝えして了承を得ます。保留時、お客様はじっと待っているだけで時間を長く感じます。一方、応対メンバーは、FAQやホームページ、ネットを調べたり、周りのメンバーに確認したりと大忙しです。時間がお客様より早く過ぎて行きます。45秒や1分はあっという間に感じます。マネジャーや室長の役割は、応対メンバーがお客様と応対中であっても、保留時間のわかる仕組みをつくることです。現状を把握した上でKPIを設定し、毎日の結果を記録し分析することで課題点が見えてきます。

ＦＡＱを充実させる

対応方針の２つ目「正確」な対応とは、正しく伝えることです。そのためには、ＦＡＱの充実です。前項でもその重要性をお伝えしましたが、ＦＡＱはその情報量を増やしていくことと、新商品や世の中の情勢、社会のトピックに合わせた追記や更新が必要です。また、カテゴリー別や大分類、小分類などの整理をすることも大事です。ＦＡＱは重要であり、担当者を設けて責任ある業務として取り組みます。お客様に正確な情報を伝えるためには、関連部門との連携を考えます。関連部門に確認し得られた情報は、記録として残し、ＦＡＱに追記します。

お客様には、曖昧な返答をしない、迷ったら周りのメンバーや関連部門に確認します。日々記録し社内に配信するお客様対応の内容は、マネジャーや室長が責任を負います。マネジャーや室長は、全ての受付内容を読み込み、正確な返答ができているか確認を行います。日々の記録を組織として作成することが、ＦＡＱを充実させ、正確な対応につながります。

「丁寧」な対応をするためにモニタリングとアンケートを活用する

3つ目は「丁寧」な対応です。丁寧さを追求する仕組みとしては、定期的なモニタリング（音声評価）が効果的です。モニタリング評価シートの中に「丁寧さ」を設けます。また、日々の応対を評価者が横について随時ライブでモニタリングができればよりよいです。丁寧さは、お客様へのアンケート調査においても数値化が可能です。お客様からいただく評価と具体例から、どのような対応を行うと丁寧さとして評価に結び付くかが見えてきます。

方針を形にする

このように、掲げた対応方針を基に、原状を把握するための仕組みをつくります。現状を知った上で目標を数値化します。マネジャーや室長は、目標に対する進捗度合いをグラフ化、可視化します。さらに会議や朝礼などでメンバーに公表することで意識が高まります。また、お客様対応において一番大事にすることを、メッセージとしてつくりあげることが大事です。理想は、応対メンバーと共につくることです。メッセージをクレド（credo

信条）として打ち出している企業もあります。クレドを冊子として社内外に配布することで高い品質のお客様対応を行う心構えにもなります。リッツ・カールトンには、クレド・カードがあり、従業員はカードを携帯しています。その中に「リッツ・カールトンでお客様が経験されるもの、それは感覚を満たすここちよさ、満ち足りた幸福感そしてお客様が言葉にされない願望やニーズをも先読みしておこたえするサービスの心です」＊4と記されています。サービスの最高峰と呼ばれるにふさわしい企業として、クレドをつくりあげて形にしています。

注

＊3　Key Performance Indicator：重要業績評価指標

＊4　リッツ・カールトン　公式Ｗｅｂサイト（２０２１年）

4 応対品質向上のトレーニング法

優先順位1の取り組み

高い応対品質は、お客様満足を向上させ企業価値を高めます。お客様に気持ちよく話していただくことが基本です。そして、お客様には、また電話をしたいと思って終えていただきます。応対に満足していただければ再購入につながります。また、応対品質が高まることは、お客様からいただく情報の量と質を高めることになり、他企業に対する差別化や優位性につながります。

応対品質向上の取り組みは、別の章でお伝えするVOC活動や消費者志向経営の推進など全ての取り組みのベースとなります。お客様の声は、社内外への発信の源となるためです。私は、お客様対応部門に配属になった当時、担当役員から応対品質向上に取り組んで欲しい、応対品質向上の取り組み1点に集中してよい、と言われました。当時はその意味がよく理解できませんでした。声の活用やお客様視点の企業文化醸成など優先すべき課題がたくさんあると感じていたからです。数年が経過して、やっとその意味がわかり、応対品質向上の取り組みが優先順位1であり、かつ永続的な取り組みであると理解できました。

キャリアアップにつなぐ

応対メンバー自身にとって、応対品質向上をどのように捉えたらよいのでしょうか。お客様相談室メンバーは、消費者対応の専門家です。しかしながら、お客様相談室に配属されるまでは、スキルや資格を持たれていない方もいます。応対品質向上については、そもそも専門の学習体系がありません。学問としても確立できていません。スタートはゼロの状態であったとしても、お客様対応の専門家となることは、自分自身のキャリアアップにつながります。1つのスキルを特化して学び習得することで、その道の専門家となることもできます。専門家として講師の道も開けます。全ては自分自身で道を切り開くことができます。「聴く」「話す」「書く」「コミュニケーション」などそれぞれが専門領域となります。

大事なことは専門性を身につける、他の誰にも負けない強みを持つ、というマインドを意識して持つことです。このマインドが高ければ高いほど自分自身が成長します。メンバーの成長は組織の活性化と成長につながります。また、転職して評価が高ければ、育った企業の評価や価値も高まります。さらに専門家として独立すれば、他のメンバーにもよい刺激となるはずです。

知識、経験、スキルの3要素

応対品質を向上するためには、知識、経験、スキルの3要素に目を向けます。経験のない新人メンバーの場合は、着台までにトレーニングを積みます。着台までは1ケ月から2ケ月を要します。着台後も約半年は、先輩メンバーの中からサポート担当を設けます。応対品質向上は時間がかかり、うまく行き初めたと感じても壁に当たります。その壁に向き合い、焦らずに経験を積み上げて行きます。

以下、お客様相談室内と社外に分けて、スキルアップの仕組みづくりを見てみましょう。

お客様相談室内の仕組みづくり

・社内モニタリング

応対メンバーは、月に1回または2回など回数を決めた上でのモニタリング（音声評価）を社内の評価者から受けます。評価者は、録音した音声をカットせずにそのまま複数回聴いて評価します。評価項目は、聴くスキルや話すスキルの他に、質問力や知識、文章力の視点を取り入れるとよいです。各社におけるお客様対応方針や課題点を考慮に入れて項目を設定します。マネジャーや室長は、モニタリング結果から現状値を出してお客様相談室全体の目標を設定していくことになります。モニタリング評価は、スキルの高いメンバーやリーダーが行い、マネジャーなどが入る場合もあります。結果は、評価シートに記載し、個別面談形式により評価者がフィードバックを行います。各自が目標を設定する場合、どのスキルをどれだけ伸ばすかなどの計画を立てます。

・リアルモニタリング

随時行うモニタリングです。評価者がライブで応対を聴き、その場で指導します。ありのままの状況が把握できます。

・モニタリング結果を実績考課に反映させる仕組みをつくる

努力した結果、応対品質向上に明らかな伸びが見受けられた場合は、実績考課などに反映します。具体的に点数化された数値には説得力があります。

・モデリング

応対の手本となる人（モデラー）を設定し、よい音声を徹底して真似ることです。何度も音声を繰り返して聴くことが大事です。繰り返し聴くことにより気づきが生まれます。知識として学んだことと気づきが一致することで理解が深まります。社内のモデラーだけでなく、社外コンクールの音声などを活用する方法もあります。お客様相談室の中では、おすすめ音声をいつでも聴ける状態にしておくこと、よい音声を聴く仕組みをつくりあげることが大事です。

社外による仕組みづくり

・社外モニタリング

前述した、社内モニタリングの社外版です。コールセンターを運営している企業や企業向け研修会社などに依頼します。社内の評価者が少ない場合や、社外の応対品質評価の専門家から評価を受けたい場合などに用います。他には、社外評価者がお客様を装い、実際に電話をかけて評価する方法もあります。ミステリーコールと呼ばれています。

・電話応対コンクール（公益財団法人 日本電信電話ユーザ協会）
全国約1万人の中から優勝者が選ばれます。予選は、社内において、各自の席にいながら受験できます。予選を通過した人だけが地区大会に出場できます。地区大会への出場も厳しく、出場できることは評価に値します。

・電話応対コンテスト（公益財団法人 日本電信電話ユーザ協会）
日本電信電話ユーザ協会が主催しています。会社にミステリーコールとして電話が入り、その音声を評価されます。

スキルや知識など消費者対応全般における主な資格

・消費生活アドバイザー（一般財団法人 日本産業協会）
消費者からの提案や意見を企業経営ならびに行政などへの提言に効果的に反映させ、苦情相談などに対して迅速かつ適切なアドバイスが実施できるなど、幅広い分野で社会貢献を果たす人材を養成することを目的とした資格です。

・お客様対応専門員（CAP）（一般財団法人 日本産業協会）

消費者問題から消費者保護法令、消費者行政に加え消費者志向経営まで幅広く学習します。

・電話応対技能検定（もしもし検定）（公益財団法人 日本電信電話ユーザ協会）

日本電信電話ユーザ協会が主催しています。4級から始まり、1級、そして指導者級が最上位の級となります。1級取得者は、社内における講師として、指導者級は社外においても指導が可能なレベルと位置づけられています。電話応対スキルだけではなく、マナーやコミュニケーションスキルのレベルを向上させます。

社内外における仕組み、そして資格の一部を紹介しましたが、日頃の業務の中で、他のメンバーのよい音声を自主的に聴く習慣や会議などで音声を共有する場がより大事です。特に大切なことは、メンバー間で褒め合うことだけではなく、相手を尊重しつつ課題点を話し合える雰囲気をつくることです。

5 お客様の心をつかむ10の技法

第一印象を裏付ける要素は、身振り55％ 話し方38％ 話す内容7％と言われています。これは、米の心理学者アルバート・メラビアンが提唱されたメラビアンの法則です。話す内容よりも、身振りや話し方から人を印象づけることを示しています。電話応対においては、身振りがなくなる分、話し方がさらに重要視されます。電話で声を聴くと、対面の時以上に、話し方からその人の表情や感情が伝わってくると思います。受け止めるお客様の心情は、応対者の話し方により変化します。ここでお伝えする話し方の技法は、基本的なことばかりですが、この基本をきちんと実行することが、お客様の心をつかむことにつながります。

筆者のこれまでの経験の中から、特に効果的であり、かつ実践的な10の技法をお伝えします。

1．第一声

第一印象は、最初の6秒で決まると言われています。第一声は、明るさ、抑揚、を意識します。苦情の電話の可能性もありますが、あくまで第一声は、明るくします。お客様からの申し出が苦情とわかれば、即座に声のトーンを切り替えお詫び口調とします。

2. 口グセ

トレーニングをしない場合、誰にでも口癖はあります。口癖を言わない意識をすることから始めます。「えー」「あのー」「まぁ」「ちょっと」など

3. 間

意識的に間をつくります。大事なことを伝える前の間は、後の言葉に重みをつけます。

4. クッション言葉

クッション言葉は、お願いをする場合や言い難いことを伝える際に用います。お客様からすると、何か言ってくるなと、心の準備ができます。複数パターンを身につけます。

「恐れ入りますが・・・」

「申し訳ございませんが・・・」など

5．かぶらない

お客様が話し始めたら、応対者は自分の話をピタッと止めます。応対者にとって大事な返答や説明であったとしても話を止めます。常にお客様優先の要となるスキルです。

6．抑揚

抑揚は感情の表現です。抑揚ある応対は、お客様に「親身さ」や「あたたかみ」を伝えることになります。お客様の気持ちに合わせた抑揚を意識します。

7．うなずき・あいづち

うなずき・あいづちは、共感につながります。多用すればよいというわけではありません。いくつかのパターンを考えます。声のトーンを変えるだけでもパターンは増えます。あいづちは「はい」「そうですね」「ええ」「お客様のおっしゃる通りです」など

8．復唱

復唱は、応対者がお客様の言葉を繰り返すことです。お名前や住所などは、間違えのな

いよう必ず復唱します。また、お客様の話が聞き取り難かった場合は、復唱をすることで確認ができます。さらに、難しいお客様の場合や、お客様の質問内容を他のメンバーやマネジャーなどに伝えたい場合も効果的です。この場合は、少し大き目の声で復唱することにより、周囲に気づいてもらうことができます。

9．クロージング

クロージング時は、不明点の確認をします。「ご案内は、以上となりますが、何かご不明な点はございますか」と質問します。この言葉をゆっくりとお客様に投げかけます。お客様がまだ何か話したいことがあるにも関わらず、終わりにしてしまうケースを防ぎます。名前は、受け付けた最初だけではなく、クロージングの時にもはっきりとお伝えします。最後に「私〇〇が承りました」とお伝えすることでお客様には責任感ある態度、安心につながる応対と受け止めていただくことができます。

10．姿勢

座っている時の姿勢によって声は変わります。背中を大きく丸めたり、足を組んだりしないことです。背筋をピンと伸ばし、肩甲骨を寄せる意識を持つことにより、声に張りが出ます。筆者は、多くのお客様相談室やコールセンターを見てきましたが、全員が背筋を伸ばした応対をしている企業は、素晴らしい応対スキルを備えています。

以上10の技法を意識し、自己チェックを行います。また、モニタリング評価シートに落とし込み、第3者に評価してもらうと効果的です。

これらの技法は、お客様対応部門に限ってのスキルではありません。交渉や商談、面談などの時にも身に着けておけば、会話がスムーズになります。また、日常生活の中でも活用できます。相手の心をつかむ基本的なスキルと言えます。

6 「感情」は「事柄」ではなく「背景」から生まれる

お客様対応は、事柄と感情に応えるだけではいけない

お客様からの申し出に対して、何に対応するかを考えてみましょう。1つは、事柄への対応です。期待と現実とのギャップから生じた事柄です。期待に応えることができなかった場合は、苦情となります。逆に期待を上回る現実や結果の場合は、お褒めとなります。2つ目は感情への対応です。お客様の言動から読み取れる怒りや不満、感謝の気持ちなどです。応対者は、お客様の感情を無条件に受け止め、共感の姿勢を示します。

お客様の感情に応えることにより、お客様満足は向上します。さらに、お客様の感情に応える時、その感情がどこから来ているのかを読み取ります。お客様の感情の根幹は、起こった事柄からと考えるのではなく、事柄と関係するお客様の状況や環境など、背景が深く関わっていると考えます。そのため、お客様との会話の中からできるかぎり背景を考え、

感情とのつながりをつかむ気持ちが大切になります。（図1）

お客様の背景にある不満やフラストレーション、願望の背景にあるものは、申し出をしてきたお客様から生じたものとはかぎりません。お客様のお子様や両親などに関わることが、背景にある場合もあります。また、その商品やサービスを使用した時、その場にいた知人や友人の不満やニーズの場合もあります。また、その不満やニーズは、今、発生していることなのか、過去に発生したことなのか。商品やサービスの購入前に、すでに感情的な状況が発生していた可能性など、商品やサービスとは全く異なる場合もあります。

背景を知ることは、お客様の理解につながります。お客様理解は、お客様へ心のこもった対

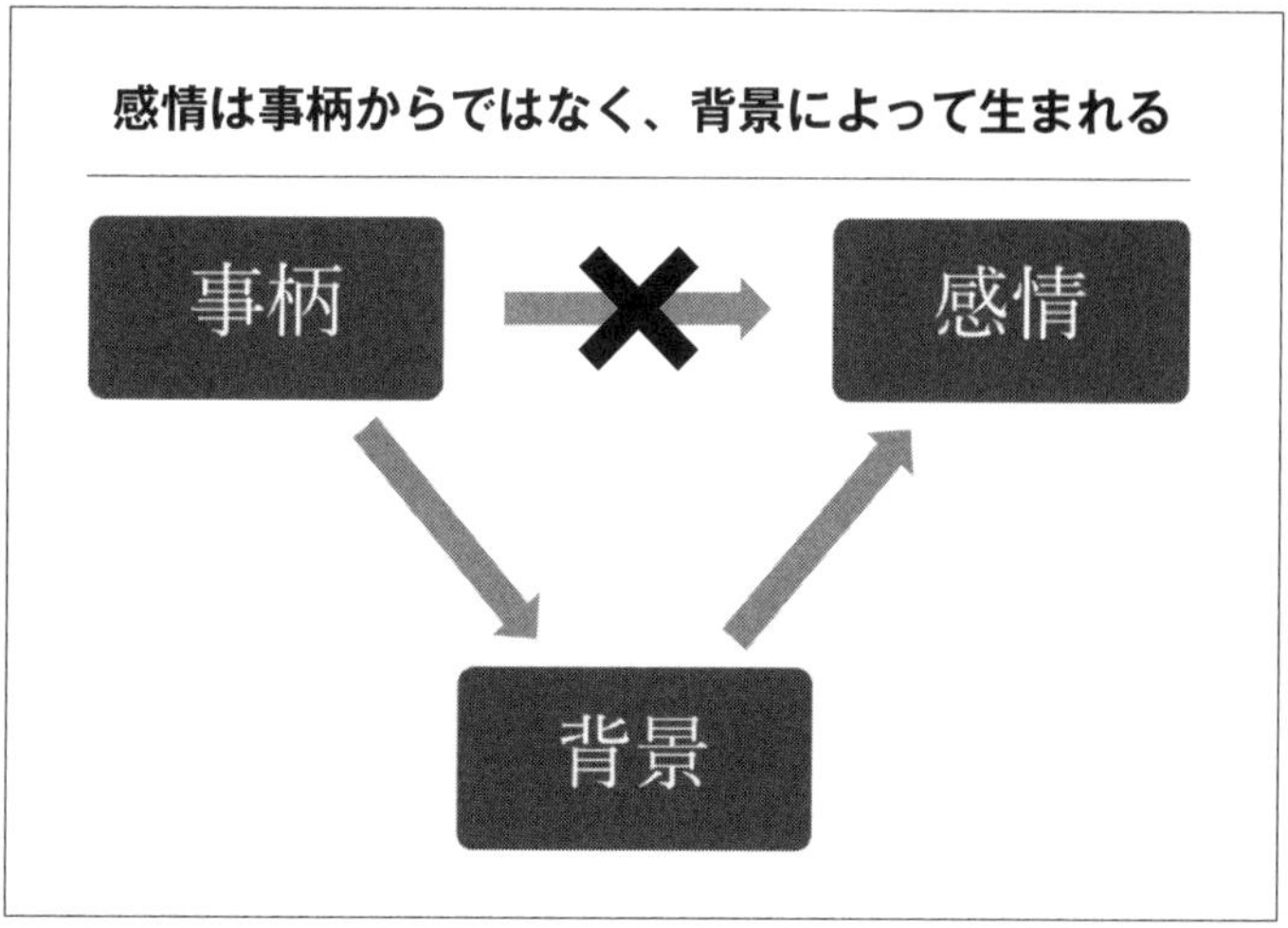
感情は事柄からではなく、背景によって生まれる
事柄
感情
背景

図1　出展 齊木

応、お客様満足の向上となります。背景を知ると、お客様の感情と、お客様が商品・サービスを利用している場面がつながります。

背景を知るためには、お客様の声に集中し、会話の中からキーワードを探します。特に大事なことは、自然な会話の流れの中でお客様に質問をすることです。質問をするには、前提としてお客様に気持ちよく話してもらう必要があり、そのためには、前述した会話の技法を磨きます。

背景抽出トレーニング

背景を知ることの大切さを理解した上で、メンバー間でトレーニングをします。お客様との録音音声を基に、考えられる背景を出し合います。注意点としては、ブレーンストーミング法を用いて、各自の意見に対して批判しないこと、数多くの考えをだすこと、結論は出さないことです。抽出された背景は、シートにまとめて蓄積することで、部署にとっての貴重な財産となります。この背景抽出トレーニングは、新人メンバーの教育の時にも活かすことができます。

メンバーは、それぞれ置かれている状況や環境、考え方が異なります。自分一人では想像ができない、数多くのシーンが出てくるはずです。様々なシーンが出てくることは、メンバーの気づきにつながり、お客様に対して、より広い視点から関心を持つことにつながります。また、このようなトレーニングは、メンバー間の距離も縮めることになります。お客様対応の仕事は感情対応の仕事とも言われますが、感情の根幹となる背景に目を向けることの大切さをメンバー全員に持っていただきたいと思います。

7 目的に応じた記録の仕方

5つの目的

受付内容の記録には、5つの目的があります。この目的は、受付件数により異なります。件数が1日100件程度までであれば、社内関連部門は、全ての受付内容を読み込むことが可能です。しかしながら、100件を超えた場合は、全文を読み込むことが時間的に難しくなります。受付件数が多いコールセンターの場合、1日に1万件以上となります。そのため、コールセンターとお客様相談室とは、記録に関して捉え方や活用が異なります。以下、お客様相談室における記録の目的をお伝えします。

1．消費者志向経営の推進

お客様との応対記録を読み込むことにより、お客様視点が身につきます。お客様視点に立った行動や業務の推進が企業内で浸透することは、消費者志向経営の推進となります。

2．リスクマネジメント

品質保証や製造、コンプライアンス、法務などの部門が、記録を読むことでそれぞれの専門的見地からの気づきが生まれます。企業におけるリスク予防やリスクの最小化につながります。

3．VOC活動

記録は、商品・サービスの改善や開発に結び付きます。分析し、発信の仕方を工夫することでより効果的なものになります。

４．応対品質向上

応対品質を広く捉えると、記録した内容そのものも応対品質に含まれます。また、記録した内容や記録の仕方、文章表現を通じて、応対状況がわかります。記録を基に、受付内容の確認や指導が可能となります。

５．２つのＦＡＱに活用

ＦＡＱをつくるためには、記録が必要となります。お客様からの質問を専門部署に確認し回答した内容の記録などがＦＡＱに転用されることになるからです。ＦＡＱは、活用する対象により、２種類に分けることができます。１つは、応対メンバー用です。記録されたものの中から、汎用性につながる内容、専門性の高い内容、他部門に確認して得られた内容などをＦＡＱとして活かします。２つ目は、消費者向けです。ホームページのよくある質問につなげます。時流やトピックに合わせたタイムリーな質問内容を抜粋して掲載します。

記録の仕方や文章表現は、各社で方針を出し、統一感を持たせます。ポイントを実務的に要約した書き方とするか、臨場感を出して方言もそのままとするかなどです。よりお客様に近づき、お客様理解を深めるのであれば、臨場感を出した書き方とします。

分類は声の活用に活かす

文章による記録だけではなく、分類することが大事です。苦情と問合せの分類だけではなく、商品やサービスの内容に照らし合わせた中分類や小分類を行います。この分類が声の活用に活かせます。

受け付けた内容の分類以外に、お客様の分類を行うことにより、商品・サービスとお客様とのつながりが見えてきます。地域、年齢、性別などの分類です。お客様の都道府県は、システムにより入電時に把握することができます。年齢は、受付内容や声からの推定年齢となります。性別は声質や話の内容から判断しますが、性の多様性の観点から、外している企業もあるようです。その他の分類としては、お客様の感情状態や、受付手段も声の活用に活かせます。

記録のチェック

記録した内容のチェックは大事ですが、目的により異なります。他部署あるいは従業員に読んでもらうことを目的とした場合には、発信物としての品質を高めることに目を向けます。記録者以外のメンバーや管理者による二重チェックが望ましいと言えます。一方、分類を重視し、分類結果だけを配信する場合、内容の細かなチェックは不要となります。

記録の保管

記録や分類結果は、各社で期間を定めて保管します。可能であれば10年分の記録は文字として残したいです。10年間の推移、傾向、変化など声の活用に活かせます。音声は、容量が重いためＤＶＤに移して1年間は保管するなど、工夫が必要です。

自動音声認識システム

会話が文字化される自動音声認識システムの導入は、今後の課題の1つです。大型のコールセンターでは、導入が始まっています。応対品質の向上を目的として導入している企業が見受けられます。メンバーの話を抽出し、口癖の改善などスキル向上に活用しています。

声は、テキストマイニングにて分析することができます。そのために会話の全てを自動入力した記録は、応対メンバーが自分では気がつかない点を浮かびあがらせることができます。

自動音声認識システムは、導入費用が高いこと、音声の文字への変換率が１００％ではないことから導入に慎重な企業が多くみられます。現状では、受付件数や読みやすさを考慮に入れた場合、手入力でも十分としています。自動音声認識を導入している大型のコールセンターの中には、読むための内容は、別途抜粋して手入力したものを配信している企業もあります。各社、試行錯誤を繰り返している段階ではありますが、将来の自動音声認識システムの導入を見据えて、変換率の精度や導入費用は、常に意識したいものです。

8　メール対応と手紙対応

まず、メール対応についてお伝えします。

メールの構成比は増え続けています。メール対応の基本は、お客様対応の３つの方針「迅速」「正確」「丁寧」に沿った対応を行います。

「迅速」24時間以内の対応

24時間以内の返信を基本とし、休日の場合も考慮に入れた返信期限を定めます。消費者視点は大事ですが、実現可能な期限とします。内容の確認に日数を要す場合は、返信できる予定日を記載してメールを返します。

「正確」関連部門を巻き込む

メールは、対応した内容がお客様の手元に記録として残るため、注意が必要です。関連部門に返答を依頼する際には、返答内容はお客様にメールで返すこと、作成したメール内容を再度関連部門に確認してもらうことを伝えます。お客様に返信するメールは、SNSにて拡散されてもよい正確な内容に仕上げます。

苦情については、その報告手順をメールに記載して返信します。調査結果の報告は、メールでは行いません。内容に応じて、訪問対応、電話報告、手紙報告の中から選択します。

「丁寧」感情表現を含める

テンプレートに頼らないことが肝心です。また、一言の言葉添えが、親身な対応につながります。お客様に寄り添う姿勢を言葉にします。さらに、行間を読んで、文章上では表現されていない意図や背景に目を向けます。

苦情の場合は、お客様の感情を受け止めてお詫びの言葉を入れますが、原因が不明な段階では、限定謝罪とします。

「ご期待に沿えず心よりお詫び申し上げます」
「ご不快な思いをおかけし申し訳ございません」など

このように、申し出をいただいた事柄へのお詫びではなく、ご期待に沿えなかったことやご不快な思いなど感情に対する限定謝罪を用いるように心がけます。メール対応においては、丁寧な感情表現を意識しつつ、リスクにたいしても考慮する必要があります。

返信漏れ防止の仕組みづくり

メールの場合、返信漏れ防止の仕組みづくりが大事です。返信漏れ防止の確認は、担当者を設けて、1日の業務の最後に行います。担当者、責任者が確認できるシートを作成し記録管理します。

メール返信に名前は必要か

メールの返信時に、応対者の名前は必要でしょうか。お客様に寄り添う視点からすると、名前の記載は必要となりますが、メール内容が拡散されるなどのリスクを考えるとどうでしょうか。メンバーファーストの視点に立つと名前の記載は必要ありません。あくまで会社としての返答とし、会社名を記載します。ただし、苦情で複数回やりとりが必要な場合は、責任者名として、マネジャーや室長の名前を記載するとよいです。

手紙対応の注意点

年齢の高い方を中心に、一定の割合で手紙が届きます。件数は多くはありません。お客様の年齢構成などにもよりますが、受付全体の3％程度ではないでしょうか。

手紙を受け取った時に、電話でも、メールでもなく、なぜ手紙なのかを考えてみることは大事です。日頃、手紙をよく書かれている方かもしれません。他にも、電話をかけるのは気が重い、苦情品を同封したい、記録に残る形でご意見や提案をしたい、お客様相談室の対応に納得ができず社長宛にしたい、など要因は様々です。

手紙の内容次第で、対応は異なります。お褒めやお礼の場合は、嬉しいお手紙をいただいたことへのお礼の手紙を書きます。苦情の場合は、電話対応を基本とします。電話番号が書いてあれば、まずは電話をします。電話がつながらない場合や、電話番号が書いていない場合は「詳しくお話を伺いたく、お電話いただけますでしょうか」と手紙で伺います。このときは、切手代をお返ししますが、同じ金額の切手を同封します。

苦情の品が同封されている場合は、苦情品の取り扱いに注意が必要です。必ず2人で開封すること、開封した直後に写真を撮ることを徹底します。一番困るのは、苦情品を同封したと手紙に記載があるにも関わらず、その物を見つけることができない場合です。メンバーや会社を守るためにも、細心の注意を払います。

9 高齢者に寄り添う対応

高齢者に寄り添う意識

高齢者からの申し出が増えています。その理由は、高齢者の人口が増えていること。人口に占める構成比が増えていること、アクティブな高齢者が増えていることなどが考えられます。令和2年版高齢社会白書によると2019年10月現在、65歳以上は、3589万人、総人口に占める割合（高齢化率）としては、28.4％、2065年には、約2.6人に1人が65歳以上、約3.9人に1人が75歳以上と推計しています。

全国の消費生活センターにおいては、60歳以上から年間約37万件（2019年度）の相談を受け付けています。構成比にすると45.2％となります。特に、80歳以上からの相談は、過去10年間で最も多い件数となっています。詐欺的手口に関する受付件数は減少傾向にあるものの、情報通信関連のトラブルなどが多く、周囲による見守りが一層必要としています。*5企業の中には、高齢者からの申し出が、全体の6割を超えたとの話を伺うこともあります。

高齢者社会白書においては、65歳以上を高齢者の目安年齢としています。お客様対応においては、受付推定年齢を10歳ごとに分類してる企業が多く、60歳台もしくは70歳以上の割合に注目してきました。健康や精神状態、環境などを考慮すると、これからは、後期高齢者と言われている75歳以上や、80歳以上に注目する時代に入ったと言えます。

各企業のお客様相談室では、高齢者対応に苦慮しているとの声をよく聞きます。コミュニケーションがうまくとれない、電話が長くなる傾向にあるなどの声です。高齢者は、身体的な老化と精神的な老化があります。それぞれの老化を考慮に入れた対応が求められます。

身体的な老化は、電話の声が聞こえ難い、説明書きが見えにくい、といったことを理解した上での対応が大事です。また、環境の変化による心の変化が背景にあることを理解しようと努めることも大事です。お客様視点に立った、話す専門家として、お客様に寄り添う気持ちが大切です。

話し方の注意点

話し方としては、お客様の心をつかむ10の技法でお伝えした項目のうち「間」「かぶらない」「復唱」に注意を払います。

高齢者向けには、次の点を意識します。

・一文を短く、
・漢語ではなく和語を
・カタカナ言葉を控える
・高音は聞き取りにくいため、なるべく低く落ち着いた声で話す
・ゆっくりと

話す内容の対応ポイントとして

・結論から　丁寧過ぎると伝わりにくい
・要約を入れる　同じ話が長く続く場合や、要点がつかめないときに効果的

同じ内容で複数回電話をいただく場合も丁寧に接します。回数を重ねると、変化や、進展があることがあります。お客様の理解が前進したためと捉えます。

背景を意識する

お客様の背景を意識します。高齢者の置かれている環境、立場は様々です。直近で環境に変化があったことも考えられます。

・奥様もしくは、旦那様がお亡くなりになった
・料理を全くしたことがない
・孫に料理をつくってあげたい
・定年を迎えて家から外へ出なくなった
・病気がわかった
・耳が遠くなったが、本人は気がついていない　など

どんなシーンが考えられるかをメンバー間で出し合い、共有することで高齢者理解につ

ながります。置かれている環境や身体的機能の弱まりに目を向けて、できるかぎりの対応に務めます。

体験してみる

身体的老化については、その状況を擬似体験してみる方法があります。高齢者疑似体験グッズが、市販されています。

・視覚障害ゴーグル：白内障の疑似体験や視野の狭くなった状態の体験が可能
・耳栓：高周波の音域を遮断し難聴を体験　など

老化の状況は個人により差があります。体験によって、先入観や個人での判断基準を持つことがないよう注意が必要です。この高齢者疑似体験グッズは、介護する方や介護施設などにおいても用いられる場合がありますが、あくまで高齢者の体や心を感じ取るために用いられています。高齢者の状況を再現できるものではありませんが、疑似体験を通じて、高齢者の気持ちの理解や気配りのできる対応につながります。

また、商品の説明書きや表示などは、ユニバーサルデザインを意識して用います。

ユニバーサルデザインは１９８０年代から徐々に浸透し始めています。高齢者に限らず、誰もが使いやすいデザインや表示を求めたものです。色の使い方（緑地に白文字が見やすい）やフォント（明朝体よりゴシック体）などもその１つです。お客様相談室メンバーは、ユニバーサルデザインを意識した上で、商品発売前のチェックや、改善提案を行うとよいです。

企業の中には、シニア専用の受付窓口を設けている企業もあります。保険会社では、高齢のお客様を対象とした専用回線を設けており、ゆっくりと丁寧に対応を行うとしています。

認知症の方に寄り添う

電話をかけてくるお客様の中には、認知症の方がいらっしゃることも認識しておく必要があります。通販の受注など金銭が発生の場合などは、注意が必要です。たとえば、注文が重複していた場合や、１人や２人で使用するには多過ぎる量の受注があった場合など、通常では考えにくいケースの場合です。申し出をいただいたお客様に質問をすることで確認が取れる場合がありますが、違和感があった場合などに限って、ご家族に確認を取る方法を考えます。

「失礼ですが、ご家族の方と一緒にお住まいでしょうか」

「もし、よろしければ詳しくご説明したく、ご家族の方に代わっていただけますでしょうか」

など、お客様に寄り添う姿勢を示し、慎重にステップを踏んで確認をとるように努めます。

注
＊5　国民生活センター　公式Ｗｅｂサイト（２０２０年）発表情報「２０１９年度にみる60歳以上の消費者トラブル－80歳以上の相談件数が過去最高に！周囲の見守りがいっそう重要です－」

10 発達障害者への対応

包容力につなげる

お客様の中には、一方的に話し、一方的に電話を切ってしまわれる方や、急に感情を爆発させ、一度感情が高まるとなかなか興奮がおさまらないお客様がいます。いただいた手紙は、理解が難しく文字に極端なくせがあるお客様もいます。手紙を受け取った時や電話を終えた後に「ちょっと変わったお客様だね」とメンバー間で話したことがあるかもしれません。それらのお客様全てが、ここでお伝えする発達障害であるとは言えません。しかし、その個性やパーソナリティが発達障害に由来するものであったとしたらどうでしょうか。お客様相談室として、十分な対応はできませんが、発達障害ということがあること、生まれつきみられる脳の働き方の違いにより、行動面や情緒面に特徴があるということだけでも知っていればどうでしょうか。実は、本書の中で、発達障害に触れることについて悩みました。これまで筆者が知る、カスタマー関係、カスハラ、クレーム対応、どの研修でも書籍においても触れられたことがなく、お客様対応としての具体的な対応を示すことが難しいと感じたからです。また、発達障害ではないお客様を、発達障害と決めつける誤解を招くことにならないかと危惧しました。しかし、ある方から、発達障害の可能性があるお客様との関係性で悩まれているお客様相談室の方が多いようです。との話を伺い、記述にいたりました。発達障害を知ることにより、受け入れる可能性を持つことができると思います。少しでも、お客様に対する包容力につながればよいと思います。

発達障害を知る

発達障害は、通常子どものときに現れますが、適切な診察や支援をうけることなく大人になる方がいます。子どもと大人の発達障害に変わりはありません。本人は、発達障害であることを認識していないケースがあります。発達障害と言っても特性は一人一人異なります。複数の発達障害が平行して現れている場合もあります。ここでは、主な発達障害の傾向と対応についてお伝えします。

■自閉スペクトラム症（ＡＳＤ）

・曖昧が苦手　見通しの立たない状況では不安が強いが、見通しが立つ時はきっちりし

ている
・特定のことに強い関心を持っていたり、こだわりが強い＊7
↓肯定的に聞き、具体的に話す対応を心がける

■学習症（ＬＤ）
・全般的な知的発達には問題がなく「話す」「理解」は普通にできるが「読む」「書く」「計算」など特定の学習に困難が認められる
↓「話す」「理解」など、得意な部分を活かした対応を行う

■注意欠如・多動症（ＡＤＨＤ）
・次々と周囲のものに関心を持ちエネルギッシュで多弁
・落ち着きがない、待てない、注意が持続しにくい、感情のコントロールが苦手など
↓短く、はっきりとした言い方で伝える
適応行動ができたことへ、細かく感謝の気持ちを伝える

福島学院大学の星野教授は、発達障害に関して「受け入れること（受容）」と「認める

こと（認知）」の大切さを著書＊8の中で伝えています。また、健常者以上に温かく理解のある接し方と対応を求めています。電話応対の中において、認知することは状況的に難しいと思われますが、発達障害の可能性が考えられるお客様に対しては、温かく受け入れる視点を心の中に持ちたいと思います。

注

＊6　厚生労働省　公式Ｗｅｂサイト（２０２１年）「厚生労働省　発達障害の特性」

＊7　厚生労働省　公式Ｗｅｂサイト（２０２１年）「知ることからはじめよう　みんなのメンタルヘルス＞こころの病気を知る＞病名から知る＞発達障害」

＊8　星野仁彦『発達障害に気づかない大人たち』祥伝社新書（２０１７年）

11 外部評価機関の活用

お客様相談室では、室全体のレベルを向上させるために外部評価の活用を検討します。外部評価により結果を出すことが目的ではありません。評価方法を知り、応対やマネジメントの品質を高めることが目的となります。結果に一喜一憂することなく、評価プロセスに目を向け、得られた評価結果から現状を把握し、改善策や目標設定を行う、このPDCAサイクルに乗せた取り組みに目を向けます。

応対メンバーとも意義や目的を明確にすることにより、一丸となった取り組みが可能となります。外部評価は、時間とコストを要します。まずは、どのような外部評価があるのか、どのような点をどのようにして評価するのか、その手法に関心を持つことから始めます。以下、関連する評価の一部を紹介いたします。

ISO10002

消費者保護、お客様満足の追求を目的とした、苦情対応のマネジメントシステムです。苦情対応の仕組みをPDCAサイクルに乗せスパイラルアップさせていきます。お客様対応規定を設け、第三者評価を受けることもあります。認定資格ではなく、自己適合宣言を公表します。

効果としては、お客様対応の規定づくりを通して応対フローの確認ができます。規定づくりは、お客様相談室が中心となり作成しますが、その運用は全社にかかります。経営トップが理解した上で各部門の了解を得ることになります。規定に基づく運用のプロセスを通じて、お客様対応の品質が向上されます。

ＩＳＯ９００１

多くの企業で取り組んでいる品質のマネジメントシステムです。ＩＳＯ９００１認証を掲げている工場や事業所、個別の商品などが目につくようになりました。製造業であれば、工場だけではなく、品質保証部門なども認証を得ています。品質保証部門の中にお客様相談室がある場合やお客様担当が置かれている場合は、すでに認証を得ていることが多いと思われます。

マネジメントシステムの一環として、業務の手順書を作成します。手順書には、製品は何か、顧客とは誰か、顧客満足に向けてのメンバーの力量をどのように設定するかを明記します。評価ができる基準の設定も行います。たとえば、メールの返信を受信後24時間以内と設定します。設定した期限を超えた場合は、再発防止に向けた改善策が必要となります。

ＩＳＯ９００１は、製品に軸が置かれているため、製品とは何かについてなど、お客様相談室として手順書を作成する際の難しさを感じる部分もあります。しかしながら、顧客とは誰かの視点を持つことや、効果検証の仕組みをつくることが重要であることの理解を深めることができます。

ＩＳＯ２６０００

社会的責任のマネジメントシステムです。お客様対応部門として、今後ますます目を向けていくべき領域です。ＣＳＲ部門を中心として取り組まれている企業も多いかと思います。

ＨＤＩ

前述いたしましたが、世界最大のサポートサービス業界のメンバーシップ団体です。電話応対の品質については、クオリティとパフォーマンスの2点を数値化して、星の数による格付けがなされます。評価は数値だけではなく課題点なども書面化され、結果のフィードバックを受けることができます。指摘された課題に取り組むことでお客様相談室全体の質向上を図ります。

クオリティは、応対品質についての評価です。数名の評価者が、一定の期間内にミステリーコールを数回入れます。応対メンバーは誰が電話に出るかわかりません。評価者は数回電話を入れる中で、室全体の状況を把握し点数化します。

パフォーマンスは、つながりやすさや電話に出る速さなどが対象となります。応答率が高ければ、パフォーマンスも高くなるはずですが、お客様の立場として感じた評価を持って、数値が裏付けされることになります。

COPC＊9

対象範囲を定めた上で、第三者によるCOPC規格認証の取得を目指すものです。COPC登録コーディネーターの研修や現状調査、KPIの設定をした上で、COPC規格に準じたマネジメント手法を構築、運用する中で課題の取り組みなどを経て認証されます。

HDIやCOPCを活用している企業は、コールセンターを持つ企業が大半を占めます。お客様相談室としては、同業他社との比較や位置づけを求めても活用企業が少なく難しい状況にあります。費用対効果の問題もあります。各々の仕組みを知り検討していただければよいと思います。企業全体としてお客様対応の仕組みを構築するためには、ＩＳＯ１０００２苦情対応マネジメントシステムが有効と言えるでしょう。また、今後のお客様相談室の役割の広がりや、社会を意識した取り組みに向けては、ＩＳＯ２６０００も効果的と考えます。

注

＊９　米ＣＯＰＣ社（Customer Operations Performance Center, Inc.）が設立
　コールセンターのパフォーマンス改善モデル

12 お客様対応よくある10の質問

お客様対応について、よくある10の質問にお答えいたします。参考例としていただき、各社のフローや、マニュアルの作成に役立ててください。取り決めた内容は、メンバーとの共有や社内関係者への周知が大事です。

1. 時間が長いお客様への対応はどのようにしたらよいですか?

ご意見や問合せの場合は、30分を目安とします。25分ほど経過したら、終話に向けて話しかけを始めます。25分過ぎからの対応判断と応対者への指示は、マネジャーや室長が行います。

「ご意見ありがとうございます。お話は十分お伺いいたしました」

30分を過ぎた場合

「他にもお電話をお待ちのお客様がいらっしゃいます。お話は十分お伺いいたしました。失礼いたします」とお伝えします。応対メンバーは、話すことを止めて、お客様が電話を切っていただくように働きかけます。

終話後に、お客様が納得いかず、再入電の可能性もあります。再入電時に誰が電話を取るかは、その時の状況次第となります。その状況に合わせて、マネジャーや室長の判断で誰が出るか、どこまで対応するかを決めておくことが大事です。

商品・サービスについての苦情の場合は、より丁寧な対応となります。お客様がお話を終えるまで、聴くに徹します。応対メンバーの意思を尊重しますが、30分を過ぎて長時間に渡る場合、最後まで聴く役割は、リーダーやマネジャー、室長です。1次応対者から交代し、エスカレーション対応となります。お客様に対して、交代の言葉を投げかけます。

「お客様、責任者に交代いたします。少しお待ちください」

または「お客様、改めて、責任者からお電話いたします」

その場で交代する必要はありません。時間を置いて電話をすることにより、落ち着いてお話していただけることもあります。お客様の状況に合わせて判断します。

2. 何度も電話をかけてくるお客様にはどう対応しますか？

1人のお客様から100回を超えるお電話をいただくケースもあります。その際、何度もかけてくるお客様に対しても、丁寧に接することが大事です。何度もかけてくる理由を考えることやその心情を受け止める気持ちが大切です。時間が長い場合は、前述同様の対応となります。特に、電話の内容が毎回、商品・サービスと無関係な場合や攻撃的な話し方の場合は、早めの終話をマネジャー、室長が判断します。また、お客様が担当者を指名してきたとしてもそれには応じる必要はありません。応対者には、精神的負担をかけないことを心がけます。

3．NGトークはどんな言葉ですか？

・「クレーム」：クレームは、クレーマーを連想される　「お申し出」「ご指摘」を用いる
・「回収」：社告を出しての「自主回収」とお客様に勘違いされる　「そのものをお預かりに伺います」と言い換える
・「現物」「異物」：「お申し出の品（もの）」と言い換える
・「一応」「基本的に」：第三者的発言、冷たく感じられるため使用を避ける
・「ですよね」：馴れ馴れしく感じる　「○○かと思われます」
・「とりあえず」：その場しのぎと感じられる　「まずは」「とりいそぎ」などを用いる

4．名前は名乗りますか？

電話を受け付けた際、始めと終わりの2回名乗ります。始めだけという企業も多いかと思いますが、終わりに名乗ることで、安心感につながります。会社を代表しての応対、責任ある姿勢をお客様に感じていただけます。名前は、はっきりと伝えます。名前の前に短い「間」を置くことで伝わりやすくなります。

5．苦情対応のため訪問する時に手土産は持参しますか？

手土産は、初回訪問時に持参します。訪問時に苦情の原因が判明していない場合であっても持参します。ケースによって持って行く、持って行かないを判断するのではなく、一律持参とするべきです。後になり、難クレーム化した場合に、手土産を渡すタイミングがなくなる場合もあります。そもそも、訪問対応するケースは、訪問してまで対応する何らかの根拠があります。また、お客様の貴重な時間を割くことにもなります。初回訪問時に渡すことは、真摯に苦情を受け付ける姿勢の表明になります。

6．手土産の注意点はありますか？

1000円から1500円程度のお菓子で、硬くない市販品とします。アレルギーを考慮して、フルーツなども外します。自社品も外します。自社品が、別のご指摘につながるリスクがあるためです。また、調査結果の報告前であり、同じ会社の商品には、不安や嫌悪感を持っている場合もあります。

7．積極的に訪問を申し出るのは、どのようなケースのときですか？

苦情対応は、現場、現物、現実の三現主義に基づきます。現場で状況を確認することが前提となります。商品・サービスの内容によりケースは異なりますが、積極的に訪問を申し出るケースをお伝えします。

①健康被害が発生しているとき
ただし、商品を食べてお腹が痛くなった、との申し出の場合は、すぐに訪問するのではなく、お体を気遣った上で、医療機関の受診をおすすめします。このとき、同じ賞味期限の製造記録の確認や、同様の申し出がないかを調べます。

②被害の拡大が考えられるとき
被害の拡大が考えられるとは、どういうことでしょうか。たとえば、食品企業の場合、金属やプラスチックなどの硬質物の混入の申し出です。同様の申し出が複数発生した場合、被害が拡大します。その被害を最小限に抑えるため、できるかぎり早い方法でお申し出の

品を預かり調査する必要があります。状況によっては、商品回収につながるリスクがあることを頭に入れておきます。

③法令違反につながる可能性が考えられるとき

表示に不備がある場合、健康被害に結び付く可能性があります。法令違反による回収リスクも考えられます。

④お客様のご自宅でないと、状況が確認できない場合

ご自宅に設置してあるものが破損した場合など、破損の状況を目で見て確認する必要があります。

訪問対応を迅速に行うことが難しい場合は、写真を送付していただき、1次判断をする方法もあります。お客様の意向を汲みつつできるかぎりの対応を行います。

8. 調査結果の報告はどのようにするべきですか?

状況により、訪問報告、電話報告、手紙報告にわかれます。健康被害が発生していれば、訪問を行い調査結果を報告します。健康被害がなく、お客様からの指示もなければ、電話報告とします。電話報告は、ご理解いただけたかの確認がその場で可能です。また、他に何か不明な点はないかを聞き出すこともできます。双方向のコミュニケーションとなりま

す。手紙報告は、丁寧に調査結果を記載しても、ご理解いただけたか確認を取ることができません。メールによる調査結果の報告は、行うべきではありません。報告内容がＳＮＳに掲載されることや、チャット状態になることも考えられるためです。

本来、苦情受付時と報告時の対応は、お客様の望む方法が基本となります。ご迷惑をおかけしたお客様の意向を優先した対応となります。しかし、発生の状況によっては、企業側から積極的に訪問を申し出ることが大事です。

9．調査報告に時間がかかる場合はどうしますか？

事実確認や、検査などに日にちを要す場合があります。対応が遅いことによる、２次クレームを避けなければなりません。まずは苦情受付時に日にちがかかることをお伝えし、了解をいただきます。たとえば「１週間ほどお日にちをいただきますがよろしいでしょうか」と伺います。調査をすすめる中で、さらに事実確認や検査に日にちがかかる場合は、中間で電話を入れます。調査報告が遅くなっている理由と、その先の必要とする日数を伝えます。ポイントは具体的な数字を盛り込むことです。「しばらく」「数日」など曖昧な言葉は、人により捉え方が異なるため注意が必要です。

10. トラブルや問題の報告をしない部下への対応は？

お客様相談室では、応対者とマネジャーや室長との席が近いことや記録、録音により、おおよその応対内容がわかります。しかし店舗や現場でサービスを行う仕事や訪問対応時は、報告がないと直属の上長も把握ができません。この場合、上長から部下に対して、報告・連絡・相談の必要性を伝えるだけでは不十分です。一番大事なことは、部下が報告しやすい雰囲気を上長自身がつくりあげることです。そのためには、さりげない声かけを日々細かく行うことです。挨拶時には、名前だけではなく一言添えるだけでも空気は変わります。報告をしない部下を変えるのではなく、上長が変わる思考を持ち、行動を取ることが大事です。

第4章

難クレーム対応

1 苦情と難クレーム

難クレームは要求内容と行為から捉える

苦情とは、申し出の中で不満や不快など、感情を伴うものです。本書において、難クレームとは、要求内容が不当であり、行き過ぎた主張行為がある場合とします。（図2）難クレームは、組織対応を必要とする苦情です。最終的にお客様にご理解いただけず終了となる苦情もありますが、組織としてできるかぎりの対応をお客様に行います。マネジャーや室長は、要求内容と行為から即座に組織対応に切り替える判断をします。組織対応とすることにより、関連部門の

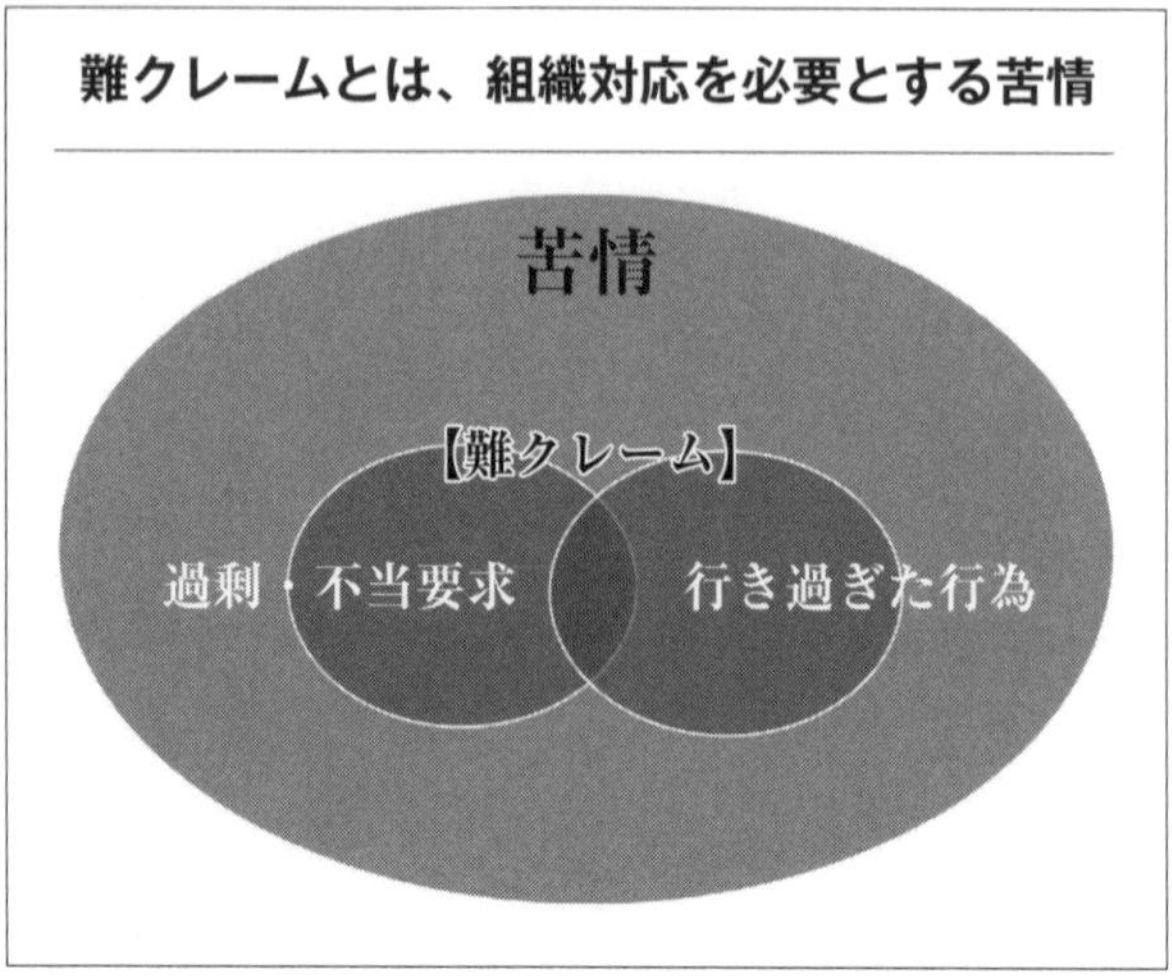

図2　出展 齊木

協力を得て、多面的に状況を捉え、会社方針を定めることができます。方針さえ定まれば、後は悩むことなく実行するだけです。お客様の状況により行うことは変化しますが、方針を変えることはありません。以下、難クレームの内容についてお伝えします。

1．要求内容が不当であること

①返金や返品、修理とは異なる要求や過度な要求がある場合

商品やサービスに起因する苦情が発生した場合、返金または、同じ商品やクオカードのいずれかをお渡しすることをお客様に提案します。業界によっては修理を提案することもあるでしょう。このような企業からの提案に対し納得していただけず、異なる要求や過度な主張をされる場合です。お客様にとって、納得いかない状態が続くことになります。

②健康被害を伴い、治療費が高額な場合

健康被害を伴う場合で治療費が高額な例としては、食品を食べて歯がかけた、治療にはインプラントを使用する、3本の治療が必要なので治療費を請求するなどのケースです。インプラント治療の場合数十万を要します。複数本になれば100万円を超えるケースもあります。

③健康被害を伴い、慰謝料や休業補償の要求がある

慰謝料や休業補償の支払いは、状況による判断となります。苦情対応において、慰謝料や休業補償を支払うことは稀です。しかし、お客様は、会話の中で慰謝料や休業補償という言葉を出すことがあります。

④要求の前提となる苦情の申し出に偽りの可能性がある場合

消費者視点に立って、苦情の申し出であっても、貴重な声としてありがたく受け止めることからスタートします。しかし、その申し出の信憑性が疑われる場合があります。苦情発生時の状況が曖昧なときは、質問を交え細かく確認をした上で、折り返しの電話とし、録音音声を聴きます。繰り返し録音を聞くことにより、不自然な状況がわかることがあります。偽りと確認ができなくても、疑がわしい場合は、再度電話をかけて、より正確に事実をつかむことや慎重な対応を行います。

2. 行き過ぎた主張行為

①主張が高圧的で一方的

「詫び状を書け」と強く迫る

「お前では話にならない上司を出せ」と言い続ける
「社長を出せ」などの内容を伴い、感情的な態度で一方的に話す
業務に支障がでるほど、一方的に電話を何回もかけてくる

②暴言・暴行を受ける
おどしの言葉や一般人が怖くなる言動
言葉使いが荒く「殺す」「しばく」「殴る」などの暴言
壁や机などを手で叩いたり、足で蹴ったりして恐怖心を与える行為

③長期間に渡り合意ができない
お客様に納得していただけないケースです。質問に答えると、また次の質問を要求され、問答が繰り返されることがあります。調査報告の結果に納得されない場合もあります。工場起因の可能性が高い場合や、原因が不明である場合は、できるかぎりの対応を行います。また、健康に被害があったが、医者に行けない場合なども長期間に渡ります。特に、歯科案件などで見られるケースです。

お客様対応は、発生した事実とその背景に対して向き合います。背景を知るために、申し出者の性格やタイプ、職業、年齢、居住地域などの情報が参考となることはありますが、その情報によって、対応方針を変える必要はありません。お客様の属性や服装など表面的なことで先入観を持つことなく、全ての人に等しく同じ対応が大前提です。この章では、難クレームと捉えた申し出について、対応における準備から完了までの方法についてお伝えいたします。

2 苦情対応3つの心構え

お客様対応の3原則は「迅速」「正確」「丁寧」とお伝えしました。この章では、苦情対応の心構えと難クレーム対応の原則をお伝えします。まずは、苦情対応3つの心構え「全ての業務に優先する」「会社を代表して行う」「組織として対応する」についてお伝えします。

1. 全ての業務に優先する

苦情対応は、全ての業務に対して優先して行います。お客様相談室においては、当然の心構えと言えますが、大事なことは、この心構えを社内に浸透させることです。特に、訪問対応や調査結果を報告する部門に、この心構えを持っていただくことです。そして、お客様相談室は、この心構えを浸透させる役割を持ちます。苦情対応は、お客様相談室だけが完結で行うものではありません。一連のお客様対応プロセスの中で行います。プロセスのどこか1場面でもつまずくと、お客様満足を得ることはできません。営業には、商談があります。時には、会議があります。しかし、苦情発生時には、苦情対応を全ての業務に優先させなければなりません。

2. 会社を代表して行う

お客様から見て窓口となる担当者は、唯一企業との接点です。お客様は、担当者に返答や対処、対応だけを求めているのではありません。その会社に期待を求めて連絡をしてきています。お客様と接しているその瞬間は、会社を代表している自覚と責任を持ちます。担当者の立場や役職を問うものではありません。この心構えから、自信と誇りを持った対応が生まれます。お客様から「お前では、話にならない、責任者を出せ」と言われても「私が会社を代表し、責任を持って対応させていただきます」ときっぱり言い切ることができます。お客様としても「そうか、そこまで言い切るのであれば、続けて話をしよう」となります。実際このようなケースでは、仮にエスカレーションで上長に交代しても「お前が責任者か、お前では話にならない上を出せ」と同じことを言われるだけです。言われるままに交代を続ければ「社長を出せ」となります。

3. 組織として対応する

会社を代表して苦情対応を行いますが、組織として対応することが大事です。お客様に言われて上司を出すのではなく、必要に応じて上司に代わるエスカレーションの準備を行います。常に上司をはじめとする支援の体制があるからこそ「会社を代表しています」と自信を持って言い切れることになります。マネジャーや室長は、初期対応時に、応対メンバー任せにすることなく、組織で対応することを判断します。この判断を迅速に行い、関係者と共有の上、組織としての方針を定めます。営業や調査担当者に対しても、組織として判断した方針への協力をお願いします。この心構えに基づく具体的な手法は「第4章4. 難クレームは組織で対応する」にて、詳しくお伝えします。

3つの心構えを浸透させていくためには、お客様視点の文化を社内に醸成させることです。そのためには、経営トップが、消費者視点を最も大事とする消費者志向経営の考えに立つ必要があります。また、社内研修を行い、関連部門とコミュニケーションをとりながらすすめます。社内研修のスタート時には、お客様相談室が中心となりすすめます。その後、関連部門の中から推進者を育成し、その推進者が主体となり研修を開催することが理想です。お客様相談室は、必要に応じて講師としての支援や事例の提供などを行います。

この仕組みは、お客様満足の向上に向けた組織構築の1つとなります。

3

難クレーム2大原則「窓口1本化」と「原状回復」

お客様対応3原則と苦情対応3つの心構えを基本とした上で、難クレームが発生した時の2大原則をお伝えします。「窓口1本化」と「原状回復」の原則です。（図3）

窓口1本化の原則

お客様に対して対応する窓口は、常に1人という原則です。この1人は、受付から対応完了まで同じ人の場合もあれば、代わる場合もあります。新たな窓口の人にバトンが渡れば、もとの担当者は窓口ではなくなります。窓口が代わる場合というのは、役割の変更やエスカレーションがあった場合です。参考例をお伝えします。

お客様相談室　電話応対メンバー　↓
営業担当者　（訪問の役割）
お客様相談室　電話応対メンバー　↓
お客様相談室マネジャーや室長
（エスカレーション）
営業担当者　↓　営業課長　（エスカレーション）

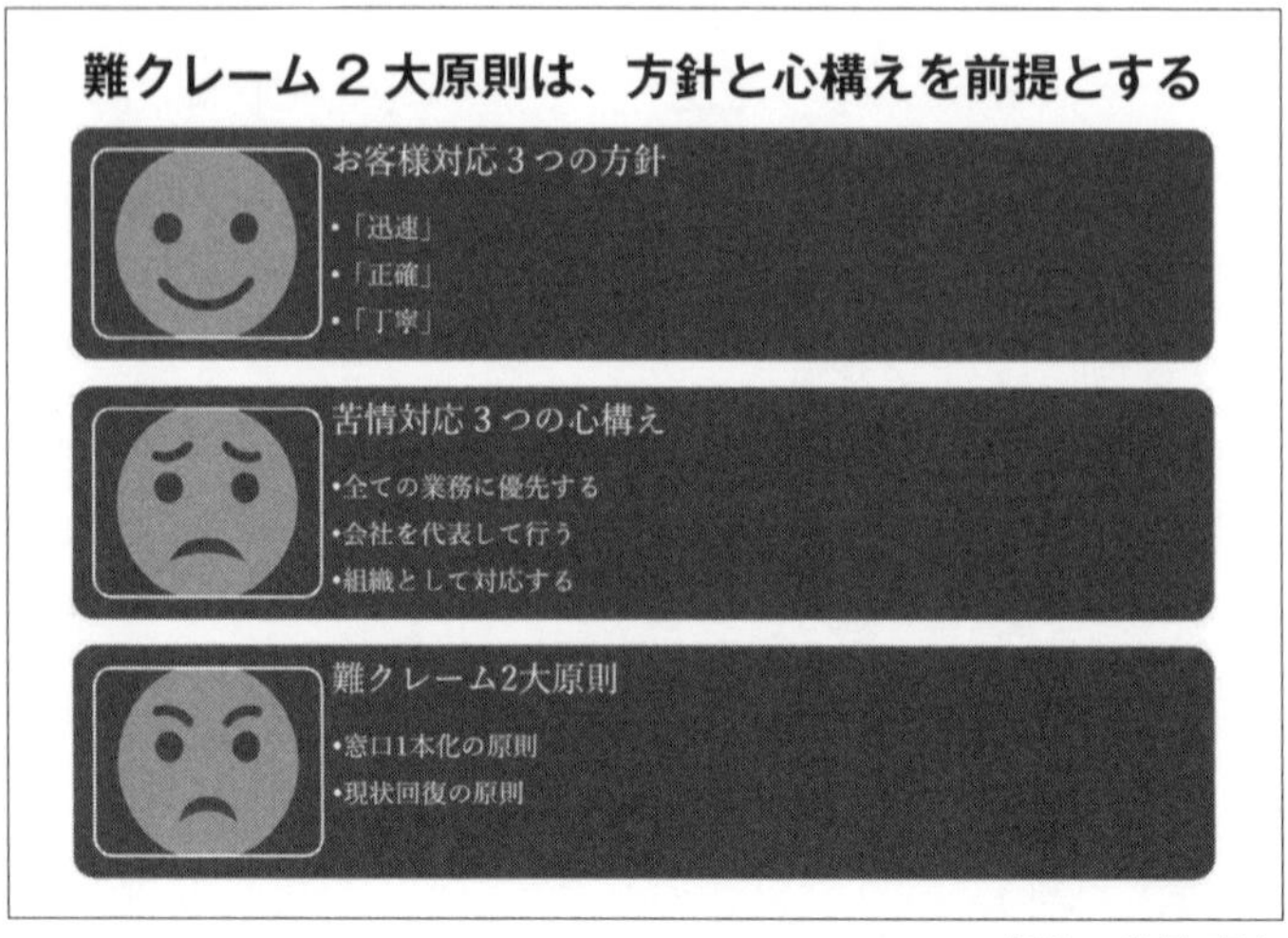
難クレーム２大原則は、方針と心構えを前提とする
お客様対応３つの方針
•「迅速」
•「正確」
•「丁寧」
苦情対応３つの心構え
•全ての業務に優先する
•会社を代表して行う
•組織として対応する
難クレーム2大原則
•窓口1本化の原則
•現状回復の原則

図3　出展 齊木

この原則は、社外の人にお客様対応が変わった場合も同じです。
営業担当 ↓ 消費生活センター （お客様の意思による変更）
工場内お客様担当者 ↓ 保健所など公的機関 （お客様の意思による変更）
営業担当 ↓ 弁護士 （企業の判断による変更）

窓口を1本化することで、お客様は誰に連絡を取ればよいかが明確になります。よって、窓口が代わる時には、お客様にはっきりとお伝えする必要があります。難クレームと言われるケースの場合、お客様は、自分自身の要求を通すために、都合よく話を受け止めてくれる立場の人に対して連絡を取ります。さらにお客様が、意図的に複数の窓口をつくるケースもあります。人や立場によって異なった返答や対応方法を導き出すためです。難クレーム対応で解決期間が必要以上に長期間に渡ることや、企業側が精神的にも疲弊する多くのパターンは、お客様に流され、窓口を複数設けてしまうためです。

最初の苦情が、お店に入った場合も窓口1本化の原則に従います。お店によっては、最後まで、お客様窓口をお店側で通すこともあります。一方、苦情品の預かりや調査報告をお店の判断により、製造企業に依頼するケースもあります。この場合、お店は、今後の対応について製造企業から連絡が入ることの了解をお客様にいただく必要があります。

対応の方法は、お店の方針や発生した内容により様々ですが、どこの誰が窓口であるかをお店と製造企業が共有します。製造企業が窓口となった後に、お客様がお店に連絡した場合は、窓口は製造企業であることをお客様に再度お伝えし、ご理解いただきます。お店側は、きちんとしたお客様対応をするために窓口を1本化しているとお客様にお伝えします。窓口となった製造企業は、お店に対して、お客様対応の進捗状況を細かく伝えながら対応をすすめます。

原状回復の原則

原状回復とは、お客様が商品やサービスを購入する前の状態に戻すことです。企業には、お客様の経済的損失を補填する責務があります。たとえば、購入した際に支払った金額の返金です。購入した商品そのものを返すこともあります。この原則で大事なことは、発生前の状態以上の対応は行わないという考え方です。仮に、購入した商品が1000円であれば、1000円です。販売価格が変動する商品であれば希望小売価格を返金する場合もあります。しかし、難クレームの場合、原状回復以上の要求をされる場合があります。正当な理由がなく、不当要求と言われるものです。たとえば、ある食品Aを食べて歯が欠けた場合です。もともと、歯が悪く歯医者に通っていた、歯が弱く、ぐらぐらとした状態であったとします。ここで、お客様は、インプラント治療を希望し、数十万円はかかる、その費用を全て要求されたとします。これは食品Aを食べた時の状態とは言えません。妥当な範囲で治療費の支払いをします。

この「原状回復」の原則に基づき対応を行う時に、確認すべき点があります。「因果関係」の有無、さらに発生状況によっては「製造起因」の有無です。この2点が明らかになった上での対応となります。

因果関係は、原因と結果の関係性となります。上記の例では、食品を食べたことが原因となり、歯が欠けるという結果になったという証明です。食品Aを購入した事実、食べた時の状況、欠けた時の状況から判断します。さらに歯科医に、歯が欠けた状況の診断書を求め、判断します。歯科医の診断書により、治療中の歯であったことがわかることもあります。また、食品Aを食べたときに他社の食品Bも同時に食べていて、原因が食品Bであったかもしれません。しかし、お客様は、歯が欠けた原因が食品Aと思い込んでいる可能性もあります。初期対応時にお客様から状況を詳しく伺うのはこのためです。

発生状況によっては「製造起因」の有無についての確認を行います。お客様は食品Aの中に、異物が入っていた。その異物が硬くて歯が欠けたと主張します。その異物が製造に起因するものであるかの確認です。きちんと調査を行いますが、原料に由来するものでなく、場内にあるものでもなく、異物の探知機などで除去できるものであり、過去同様の異物の申し出がなければ、製造起因とは考えにくい状況にあります。

難クレーム発生時に、この2大原則「窓口1本化」と「原状回復」は必ず役に立ちます。窓口が複数になっていないか「原状回復」はできているか、さらに「原状回復」以上の対応となっていないかを確認しながらすすめることが対応完了に向けての鍵となります。

4 難クレームは組織で対応する

苦情対応3つの心構えの1つとして「お客様対応は組織で対応する」ことをお伝えしました。この心構えは、難クレームにおいて特に大事な心構えとなります。

お客様対応は、窓口となった担当者が会社を代表して対応します。その担当者を組織として全面的に支援します。この支援なくしてお客様対応は、継続できません。また、担当者個人の考えに基づく対応ではなく、企業としての判断に基づき、どのお客様に対しても平等の対応を続けることが重要です。

組織としての対応方針を打ち出す

組織として対応するとは、組織としてお客様に対する対応方針を打ち出すことです。担当者を1人にしない、マネジャーや室長が積極的に関わり、お客様相談室としての組織対応を行うことが前提となります。その上で、会社としての方針を打ち出すために、関連部門がそれぞれの専門的知見を出し合います。マニュアルやフローは、各企業におけるお客様対応の基本を示したものとなりますが、発生するケースは様々です。マニュアルやフローを否定するものではありませんが、100の申し出があれば、内容も100通りです。そのため、個別ケースに応じた対応が求められます。集まる組織は、発生内容と発生段階、解決困難度によって柔軟に変わります。どの組織の誰に関わってもらうか、その一次判断は、マネジャーや室長の役割です。他部門が対応組織に加わる中で組織メンバーの追加や見直しが必要となります。以下難クレームのステップに応じた組織体制をみてみましょう。

組織対応3つのステップ

第1ステップ　関連部門との連携

まずは、営業、品質保証部門と状況を共有します。

営業：お店との連携

品質保証、工場・生産：品質面における判断

第2ステップ　関連部門を拡大した連携

提示した対応内容に納得されず、平行線となった場合です。お客様の行動を先読みした連携となります。

総務：代表電話にかかる備え

広報：広報電話番号にかかる備え、マスコミからの問合せへの備え

法務：法的見地からの支援

コンプラアンス：コンプライス的側面からの支援

ＰＬ保険担当：ＰＬ保険申請の準備＊1

第3ステップ　社外関係者との連携

お客様が社外に申し出ることなどを先読みした準備となります。
消費生活センター：消費生活センターからの問合せへの備え
保健所：保健所からの問合せへの備え、保健所への報告
顧問弁護士：法務部との連携、窓口担当
警察：情報の共有
ＰＬ保険担当保険会社：ＰＬ保険申請手続きの支援

警察・弁護士に相談するタイミング

次に、警察・弁護士に相談するタイミングをお伝えします。

警察への相談

交番ではなく、警察署に相談します。会社の近くではなく、お客様の近くの警察署となります。警察には、届けを出しに行くのではなく、相談や情報の共有として伝えます。お

客様の言動が暴力的な場合、お客様が反社会的勢力らしきことを自ら話した場合などです。タイミングは、訪問対応の直前です。これから訪問する旨、今、こんな状況にあるといったことだけを伝えます。そして、大事なことは、訪問を終えた直後に再度警察署を訪問し報告をすることです。お店受付の申し出の場合は、警察訪問前に状況の説明をお店に行い、了解をいただきます。

弁護士への相談

弁護士に相談するタイミングは、情報共有レベルから担当窓口となってもらうレベルまで、状況に合わせて判断します。様々な場面が複雑に絡み合うため、以下は、参考としてお伝えします。

・数十万を超える具体的金額の請求があり、その請求の根拠に確固たるものがない場合
・健康被害があり、治療費以外にも慰謝料や休業補償の要求が含まれている場合
↓弁護士に情報を共有
・お客様が弁護士に相談した上での申し出をしてきた場合
↓弁護士に相談、アドバイスをもらう

・お客様が、弁護士を代理人とした場合
↓弁護士に窓口となってもらうことを検討

注
＊1　製造または販売した商品によって、生命・身体の被害や財物の損壊が発生した場合に、損害賠償金や訴訟費用などが補填される保険です。「ＰＬ」は「Product Liability」の略です。ＰＬ法（製造物責任法）に由来しています。ＰＬ法は、製造物の欠陥によって損害が生じた場合、製造者の損害賠償責任などを定めた法律です。１９９５年7月施行。

5 なくてはならない「時系列」

いつ誰が何を記載するか

難クレーム対応において、なくてはならない時系列の価値についてお伝えします。

時系列は、全ての苦情対応に必要ということではありません。難クレーム対応以外は、お客様対応の内容をその都度記録し、個別に管理します。時系列が必要となるのは、難クレーム対応にかぎりますが、その目的や効果を理解した上で活用することが大事です。

書き方については、日時、誰が、何を話したか、どのような行動を取ったのかがわかればよいです。難クレームの場合、お客様対応が複数回に渡って続きます。お客様相談室における対応だけではなく、営業や工場など他部門が直接対応することもあります。大事なことは、お客様対応を個別切り離して記録するのではなく、シートにまとめて、つながりを見せることです。そこには、電話だけではなく、メールや訪問時の対応も含まれます。

できるかぎりお客様の言葉は、話したとおりに記載します。感情の状態がわかります。

また、お客様対応の中で、返金（代替品）、手土産、調査報告、この3点セットの記載漏れがないようにします。

記載する人は、お客様対応窓口の担当の人です。担当が変われば、時系列を引継ぎ、新しい担当の人に記載をお願いします。窓口1本化の原則により、常に誰か1人だけが、記載する役割を持つことになります。お店から製造企業に窓口が移った場合は、お店から時系列をいただきます。

時系列の目的や重要性は、お客様相談室以外の他部門に対しても伝える必要があります。お客様相談室のマネジャーや室長は、タイミングを遅らせることなく、窓口となった他部門の人に記載をお願いする姿勢が大事です。

時系列は、難クレームに発展する可能性があると判断した段階から作成します。お客様対応に進展があれば追記を行い、タイムリーに配信します。配信先としては、関連部門の実務担当者と部門長です。

時系列作成の目的と活用法

時系列を作成する大きな目的としては、きちんと難クレームを完了させるためです。きちんととは、常識的な対応、抜け漏れのない対応という意味です。以下、時系列を作成する具体的な目的と活用法についてお伝えします。

・時系列を見ることで次の対応方針が決まる

時系列により、状況が正確につかめます。難クレームの状況を共有する場合、社内メールの文書だけでは、対応全体の流れをつかむことができません。時系列により、対応に抜けている点はないか、原則に沿った対応ができているかを確認することができます。その上で、今、取るべき具体的行動を、その都度決めることができます。難クレーム対応は、動きがある度に状況が変化します。その状況を時系列と担当者の話から的確に読み取り、変化に応じた対応を行います。

・常に最新状況が整理された状態で関係者と共有ができる

時系列は、状況に応じて、常に内容が更新され、整理できています。そのため、途中から広報や法務などの部門が支援のために関わる場合も状況の把握ができます。

・消費生活センターへの迅速かつ正確な報告

企業の対応に納得がいかず、お客様が消費生活センターへ申し出た場合にも時系列は活かせます。消費生活センターは、企業のお客様相談室に電話を入れて確認する場合があります。お客様からの申し出通りなのかの事実確認です。企業として、十分なお客様対応をしているという発言だけでは信憑性に欠けます。時系列が用意できていれば、すぐに「私どもとしては、できるかぎりの対応をしております。対応内容は、時系列としてまとめてあります」とお伝えすることができます。時系列を作成していなかった場合は、消費生活センター側から作成を求められることにもあります。この場合、作成に時間を要す上に、抜け漏れも考えられます。会話の内容も日が経っていれば正確ではありません。

・難クレームの振り返りを行う

時系列は、難クレーム対応が完了した際に、振り返りシートとなります。たとえば、関係者を早めに集めて協議することができてよかったなど、別の難クレームが発生した際に活かすことができます。また、担当役員への報告が遅れたことや早い段階で返金ができていなかったなど、反省点の振り返りにもなります。

・関係者の難クレーム対応力を向上させる

難クレームの対応力を個人としても組織としても向上させるためには、知識と経験、判断力などのスキルが必要になります。時系列を集めて具体的対応事例を知ることにより、難クレーム対応力が向上します。新任のマネジャーや室長にとっては、具体的事例教材となります。時系列は、お客様相談室にとって貴重な財産と言えます。

6 訪問対応のポイント

難クレームの場合、少なくとも1回はお客様を訪問することをおすすめします。お客様と会うことにより、生活者としての相手の全体像がわかります。会って話すことにより、表情などから真意が見えてきます。

また、お客様や社会に対しては、丁寧な対応姿勢を示すことになります。苦情対応と難クレーム対応では、訪問対応の在り方を分けて考える必要があります。以下、難クレームにおける訪問対応のポイントをお伝えします。

1．訪問対応の目的と方針を決める

訪問の目的を明確にした上で、時間や滞在時間、訪問場所についての方針を定めておきます。

参考としてお伝えします。

①訪問時間　夜は20時台まで

②滞在時間　30分以内

③訪問場所　自宅または、ファミリーレストランや公共の場など人目がある場所

2. 事前の準備

①2人で訪問、役割分担を決める

予め役割分担を決めておきます。1人はお客様と話す担当、もう1人はメモを取る担当です。

②録音の準備

録音することを、お客様に伝える必要はありません。聞かれた時には「お話を正確に受け止めるため録音しています」とお伝えします。

③状況によっては、警察に相談

前述したとおりですが、お客様のご自宅に一番近い警察署を調べておきます。警察は、

事前に電話を入れなくても話は聞いていただけます。

④企業内サポート担当の設定

長時間の滞在を避けるため、訪問担当者へのサポートを行います。訪問時間を30分間と決めた場合、サポート担当者は、訪問開始の時刻から30分が経過した時点で訪問者の携帯に電話を入れます。訪問者は、電話に出て「わかりました」とだけお客様に聞こえるように声に出します。「会社から帰るように指示が出ています」とお客様に伝えて帰るきっかけをつくります。

⑤手土産準備

手土産を渡すのは、初回訪問時の1回だけです。担当窓口が代わり訪問者が異なったとしても、改めて手土産を渡す必要はありません。

3. 訪問時の注意点

①家には上がらない

家に上がると、お客様の主導となり、長時間になります。すすめられた場合は「会社の決まりとなっております」とお伝えします。ただし、上がらないと状況の確認ができない場合は、状況だけ確認して玄関に戻ります。

②被害の事実確認、苦情品の確認などは複数で見る

お客様と訪問者2名が一緒に苦情品の確認を行います。

4．訪問後に行うこと

①企業内サポート担当へ一報

難クレームは組織で対応しています。複数の関係者が見守っている中で訪問がなされています。企業内サポート担当は、訪問直後、関係者に速報として連絡を入れます。状況によっては、次の行動への助言を、関連部門に求めます。

②警察署を訪ねて報告

警察署への報告は直後がよいです。時間を置かず、直後が一番親身に聞いていただけます。スムーズに訪問対応が終えた場合も同様です。警察は、相談者が訪問した結果を気にしています。無事に訪問対応が終了したお礼を直接会って伝えます。

③時系列に追加

会社に戻った後、訪問内容を時系列に追記し関係者に共有します。

以上は、不当な要求を伴う、あくまで難クレーム時の対応です。訪問回数としては、1回、または2回です。苦情品を預かる時と調査結果の報告の時です。健康被害が発生した場合は、病院や歯科医院に同行する場合もあります。

訪問対応を検討する際には、訪問の目的を明らかにします。お詫びの言葉を伝えるために何度も訪問する必要はありません。災害時や社会的に感染症の不安がある時には、預かり方法のバリエーションを持って柔軟な対応が必要となります。極力訪問を抑えて、電話や書面による対応を検討します。

【参考情報】

大きさに制限はありますが、商品預かりの方法として宅配業者への委託があります。訪問体制が整わない企業や、訪問が困難な地域の場合など柔軟に依頼を検討すべきです。

・ヤマト運輸　「返品・交換サポートサービス」

宅配業者が、必要な大きさの宅配袋を用意した上で預かりに伺うサービスです。受付時にお客様に対して預かり方法の了解をいただき、指定の預かり日と時間帯枠を伺います。預かり料や配送料の他に初期費用と月額の基本料金の支払いが必要となります。

7 SNSへの対応

SNSに掲載すると言われた場合

画像や動画がSNSに掲載された場合は、担当窓口の人や担当部署任せとしないことです。お客様相談室に情報を集め、組織としての対応を行います。

訪問時に、お客様が動画を撮ってSNSに掲載すると言われた場合の対応については、毅然とした態度を取った上で、次のように伝えます。

「SNSへの掲載については、お客様の判断にお任せします」さらに「掲載内容が企業価値を損なう内容の場合は、顧問弁護士も交えて検討させていただき、しかるべき措置を取らせていただきます」との伝え方をします。仮に撮影が始まったとしても、きちんと訪問の目的を果たすことを心がけます。組織として対応していることに自信を持ち、ストレスのかかる場面ではありますが、毅然とした態度で接することが大事です。ただし、訪問した担当者の立場や経験年数、状況によっては、その場で訪問を中止することもあります。その際は「お客様が動画を撮ってSNSに掲載するとおっしゃったので、とても緊張して冷静にお話ができません。失礼いたします」とだけお伝えします。

以下は、お客様対応全般の中でSNS対応を示したものです。難クレームとならないためにも、SNS掲載を想定した上での対応方針や日頃の準備を行います。

1．対応中のお客様が画像・動画をSNSに掲載した場合

①迅速なお客様対応を行う

お客様対応3つの基本方針「迅速」「正確」「丁寧」のうち「迅速」を最初に掲げているのは、SNSへの対応を常に意識した上でもあります。SNS上での共有や拡散のスピードは、お客様対応を上回ります。訪問した直後に、訪問した担当者の話が掲載された例もあります。組織としての判断を迅速に行い、対応方針を定めます。

②できるかぎり丁寧な対応を行う

調査結果の報告も電話や手紙ではなく、訪問した上での説明を申し出ます。結果的にお客様が電話報告でよいと返答していただければ、その指示に従います。より丁寧な申し出を意識します。できるかぎりお客様に寄り添った対応を行い、その言動全てがSNSに掲載されることを想定します。

2. 対応中ではない方が、苦情内容の画像・動画をSNSに掲載した場合

①SNS掲載者に対しては静観する

SNS上での直接の対応は必要ありません。多くの場合、SNS掲載者は、企業からの返答を求めていません。こんなことがあった、とのつぶやきとして掲載しています。企業に返答を求めているのであれば、企業のホームページにメールが入ります。炎上リスクを考慮すると、SNS上で対応する必要性はありません。

②確認作業や準備を行う

SNS掲載と関連する入電が、過去に無かったか確認します。また、入電の可能性を想定して、お客様相談室内の応対メンバーとSNS掲載内容を共有します。工場、品質保証部門にも掲載情報を伝え、SNSに掲載された苦情の内容が発生するリスクや、多発化す

るリスクの有無を確認します。

3．日頃のSNS対応策として

①SNSの監視を行う

企業や商品・サービスに関連する掲載がないかを監視します。できれば、24時間のチェックを社外の専門業者に委託します。社内では、お客様相談室内において担当者を設けます。リスクセンサーの高いメンバーに担当を依頼します。1日の中で時間を定め、時間を区切った監視をします。また、自社に関連する報道があった場合は、キーワードを設定し一定の期間監視を継続します。関連部門としては、コンプライアンスや総務、法務などを主な監視部門として選定し、情報共有を行います。

②SNS上のファンづくり

ホームページやメルマガ、SNSの中でファンづくりを行うことが大事です。チャットボットやメルマガでは、キャラクターを用いることで親しみやすさを得ている企業もあります。また、ツイッターやフェイスブック、グーグル検索などを活用し公式アカウントを設けて返答を行うこともできます。商品紹介やキャンペーン、お役立ち情報などの提供を通じてお客様にファンになっていただきます。

企業や商品に対するネガティブ意見が拡散された時に、ファンの方は冷静な目で見守ってくれます。ファンの方から見て、掲載されたネガティブ意見の内容に違和感がある場合には、火消しの役割を担っていただくことさえあります。SNSを活用したファンづくりは、リスクを伴うこともありますが、企業内や担当者に経験と知識が蓄積されることになります。

③広報部との連携
お客様相談室は、日頃から広報部門との連携、コミュニケーションが大事です。マスコミ掲載の可能性があるメディア情報は、事前に共有してもらい、SNS掲載や入電の備えとします。逆に、お客様相談室からは、SNSに掲載された内容を迅速に広報部門に伝えます。

2014年にあったことから

2014年、いくつかの企業において、異物混入など不快感の高い写真がSNSに掲載されたことによって、企業価値を損なう状況となった事例がありました。当時はマスコミが連日の報道、コメントも冷静とは言えない内容でした。1件が大きく捉えられると、連続して掲載されることも脅威となります。炎上してからでは遅く、初期対応や日頃の準備がいかに大事かを示しています。

このような経緯もあり、2014年から2015年にかけては、多くの会社で申し出件数が増加しました。消費者全体が敏感になり、不安な気持ちから、電話をかけてきたことになります。当時は、お客様の要求も厳しく、訪問対応の比率も高まりました。また、電話での苦情申し出の際に、お客様が自主的に画像を添付するケースが増えました。お客様相談室としては、画像を見て一次判断が可能となるため、内容によってはとてもありがたい申し出となります。しかし、多くの場合は、実際の商品や異物などを直接目で見て顕微鏡などで拡大し、質感の確認、時には燃焼テストなどをしないと異物の特定には至りません。

SNSの影響は、日増しに大きくなっていると言えます。一方でマスコミ、特にTVの影響は依然として強くあります。SNSの掲載もTVの報道で広がりが加速します。TVだけではなく、新聞や雑誌なども含めて、消費者の不安を増長させない、安心に結び付く報道の在り方に期待します。

【参考事例】

東芝クレーマー事件１９９９年

お客様対応の中で話した言葉を、お客様が音声つきでネットに掲載しました。東芝は、Ｗｅｂページの一部差し止めを請求しましたが、１９９９年秋にネット情報が閉鎖となるまでに１０００万を超えるアクセスがあったようです。クレーマーという言葉が広がるきっかけになったと言われています。

ブルボンの丁寧な対応２０２０年

菓子製造販売のブルボンは、高校生が集めた環境面に配慮した商品に関する署名に対して、ホームページ上で公式に丁寧な見解を出しました。企業の対応が世間から賛同を得た好事例となっています。高校生の意見に対し、受容と共感の姿勢を示した上で、具体的な環境への取り組みを示したことが、賛同を得た要因と考えられます。

8 これだけは知っておきたい関係する法律

難クレームに対応する際、知っておくべき法律をお伝えします。裁判に持ち込む、もしくは、持ち込まれるケースは、非常にまれなことです。しかし、法律を知ることで、毅然とした態度での対応が可能となります。また、何が行き過ぎた行為となり、罪となるのかを把握することができます。

大きくは、以下3つに分類してお伝えします。

1．業務妨害罪を知る
2．脅迫罪、恐喝罪、強要罪の違いを知る
3．その他関係する法律を知る

1．業務妨害罪を知る

人の業務を妨害することです。暴行や脅迫がない場合となります。

偽計業務妨害罪と威力業務妨害罪があります。

①偽計業務妨害罪《ぎけいぎょうむぼうがいざい》　刑法233条（3年以下の懲役または50万円以下の罰金）

虚偽の風説を流す、または、偽計（人をあざむく計略）を用いて人の業務を妨害することです。間接的な妨害とも言えます。

判例として

・そば販売店に無言電話を3ケ月に渡り970回繰り返した。1974年

・自宅PCからネットの掲示板に、1週間以内に駅において無差別殺人を実行するとの投稿を行った。2009年

②威力業務妨害罪　刑法234条（3年以下の懲役または50万円以下の罰金）

威力を用いて業務を妨害することです。大声で騒ぐことや、恫喝して人を怖がらせること、壁や机などを手で叩いたり、足で蹴ったりして恐怖心を与えたり暴行を示唆する行為となります。暴行や脅迫はありませんが、直接的な妨害と言えます。

電話を用いた場合でも、その頻度、時間、威圧する言動、大声で怒鳴る、暴言などによっ

ては威力に該当することがあります。この電話により、業務が妨害された場合には、成り立つことになります。

判例として

・寺に対して約7ケ月に渡り「教義が間違っている」など、3000回以上の迷惑電話をかけ続けた。2005年

2．脅迫罪、強要罪、恐喝罪の違いを知る

①脅迫罪　刑法222条1項、2項（2年以下の懲役または30万円以下の罰金）

生命、身体、自由、名誉、財産に対して害を加える旨の告知をすることです。おどすことや一般人が畏怖する（恐れる）程度の言動です。言葉としては「殺す」「しばく」「どつく」「殴る」「誠意をみせろ！」などと大声でわめくことや「店に火をつけるぞ！」なども該当します。

②強要罪　刑法223条（3年以下の懲役）

脅迫または暴行により義務のないことを行わせることです。

「土下座しろ！」などと一方的に何らかの行為を強要することです。
強要未遂罪　刑法223条3項　脅迫したが目的が未達に終わった場合

③恐喝罪　刑法249条（10年以下の懲役）
恐怖心をいだかせ、金銭や財物などを脅し取ることです。
恐喝未遂罪　刑法250条　実際に金銭や財物の交付がなされなかった場合

3．その他関係する法律を知る

①監禁罪　刑法220条（3月以上7年以下の懲役）
一定の場所から脱出を不可能にする。または、著しく困難にして、移動の自由を奪うことです。

②住居侵入罪　不退去罪　刑法130条（3年以下の懲役または10万円以下の罰金）
理由なく人の住居や人の看守する建物に侵入し、または要求を受けても退去しない場合です。

「お引き取りください」と伝えても延々と居座るなどの場合です。

③器物損壊罪　刑法261条（3年以下の懲役または30万以下の罰金もしくは科料）
企業で出された茶碗を割った、受付カウンターを蹴って壊すなどの行為です。

民事上の法的措置

以上は、刑法として知っておくべき法律ですが、民事上の法的措置をお伝えします。まずは「民事調停」です。簡易裁判所において有識者が調停委員として双方の言い分を聞き解決の斡旋をすることになります。

次に、企業側から訴訟を提起する「債務不存在確認訴訟」があります。企業としては、要求に応じる義務がないことを、裁判所にて確定させるための訴訟です。損害賠償などを求めるものではありません。企業側からの訴訟は考え難く、あくまで参考としてお伝えします。

法律を味方につける

以上、難クレームに対し、知っておきたい法律を列記しました。これらの法律を味方につけるためには、お客様に対して意思や感情を言葉で伝えることと、記録することが大事です。

たとえば、乱暴な言葉のお客様に対しては、次にように伝えます。

「お客様、そのような乱暴な言葉は、とても怖く感じます。お話を続けることができません」

私は怖さを感じているという感情を、言葉で示します。

乱暴な言葉は、脅迫罪の可能性があることを示唆することになります。法律を味方につけた対応は、お客様を落ち付かせ、応対者や企業を救うことにつながります。

会話は録音をした上で、電話が入った時間、話した時間、電話の回数を時系列として記録に残します。録音や時系列は、法律を活かした対応をするために有効なものとなります。

法律を知り、法律を味方につけ、法律を実践的に活用することが大事です。

9 「カスハラ」を考える

「カスハラ」という言葉は本来必要ない

カスタマーハラスメント「カスハラ」という言葉を耳にします。

しかし、組織としての対応ができていれば「カスハラ」という言葉は、本来必要ありません。お客様の行為を、嫌がらせやいじめに相当するハラスメントと位置づけることには、注意が必要です。お客様は、電話をかける前から、企業や応対者に対して、嫌がらせをしたい、いじめをするといった目的で電話をかけてくるのでしょうか。お客様が商品を最初に購入したときの気持ちはどうでしょうか。商品やサービスを購入していただいた大切なお客様です。難クレーム対応であっても、そのお客様が再購入していただけることを目指すべきだと考えます。

難クレームにおける、お客様の行為は、お客様対応プロセス全体の中では点に過ぎません。その行為前後で企業が組織としての対応を取ります。お客様対応メンバーや従業員が脅威や不快な思いを持ち続けることがあってはなりません。

マネジャーや室長の役割

多くのお客様相談室においては、組織としての対応や個人の対応スキル向上の取り組みが、十分できているとは言えません。個人と組織の対応力を向上させる役割は、マネジャーや室長です。一番大事なのは、お客様対応メンバーを守るマネジャーや室長の考えと行動です。まずは、本書でお伝えしている、7つのマインドセットを身につけ、メンバーファーストの視点を持つことです。その上でお客様対応の仕組みをつくり、マネジャーや室長自身が難クレームの対応力を身に付けることです。お客様対応全般の中で、難クレームとなるのは、極一部です。多くの場合は、善良なお客様です。マネジャーや室長は、善良なお客様から多くの申し出をいただけることへの感謝の気持ちを持ち続けます。

個人、組織としての未然防止

カスハラ防止策は、対応マニュアル・対応フローを作成することだけではありません。脅威や不快な思いを未然に防ぐためには、その状況への備えができていることです。発生しても乗り越えるスキル、知識、経験を持ち、専門家として意識し行動を取ります。個人と組織の対応力があれば、難クレームに対しても恐れることはありません。企業は、お客様対応の専門性を磨くために、従業員指導と育成を重ねています。カスハラに至るケースの場合は、どこかに抜けが発生しています。組織体制、マネジメント、個人の専門性や力量、考え方です。抜けている部分には補強が必要です。個別案件に対し、組織で方針を立て、組織としてお客様対応を行います。たとえ難クレームであったとしても、お客様の「人」ではなく、法的刑事罰に触れていないかなど「要求内容」と「行為」に目を向けます。

お客様相談室以外の営業や接客に関わる従業員も、お客様対応の専門家です。

カスタマーハラスメントという言葉が一人歩きして、消費者の方がクレーマーやカスハラ行為と思われたくない、お客相談室に電話をかけたくない、といった心理状態になることは避けたいものです。そもそもお客様相談室は、専門家業務であり感情労働の最たるものです。厳しい人がいることを前提で席につき、厳しい人への対応で人間力が高まり、厳しい人がいるからこそ、組織が強く、上司が上司たりえると、ポジティブに考える思考が大切です。

10 難クレームよくある10の質問

1. 現品がない場合でも対応しますか?

現品がない場合は、対応しません。
商品・サービスが原因となり、迷惑をかけたという事実の確認が取れないからです。
現品がなければ、苦情原因を調査することもできません。

返答例として

「大変申し訳ございませんが、お申し出の品がないと、お調べすることができません。
お申し出の品が出てきましたら、きちんと対応させていただきます。お電話をお待ちしております」と、どうしたら対応することができるようになるか、そのための提案をお伝えします。何も対応してくれなかったと言われないためのトークとなります。

2. 住所を教えてくれない人には、どのように対応しますか?

苦情の場合、住所を教えていただけないお客様への対応は行いません。

返答例として

「どのお客様にも、住所をお伺いした上で対応させていただいております」

丁寧にお願いした上で、それでも教えていただけない場合、

「住所を教えていただけない場合は、対応をいたしかねます」との言い切りです。

個人情報の開示を極端に嫌う人もいますが、その方には、対応が終わり次第、個人情報の削除をお約束してもよいです。住所を伝えず、自宅訪問を拒否する人は、自宅訪問されると困る何らかの理由があるとも考えられます。名前についてもフルネームを漢字で尋ねるようにします。

3. 原因が不明なときはどのように報告しますか？

苦情の発生原因が不明な場合、調査方法や調査を行った結果を丁寧に伝えます。

その上で、返答例として
「原因の特定には至りませんでした」とありのままを伝えます。

原因が不明な場合、お客様は自分自身が疑われている気になります。納得には至らない場合もありますが、調査をきちんと行ったことをご理解してもらうことが第一です。

消費生活センターや保健所などの行政機関は、客観的に見て納得性の高い調査と時系列にまとめたお客様対応の経緯がわかれば、理解を示していただけます。

4. お客様の誤使用の場合にどこまで対応しますか?

まずは、お客様に誤った使用方法であったことを丁寧に説明します。説明書きに、誤使用の注意が記載されている場合もあります。調理時に火傷の注意、などの表記です。

誤使用の場合であっても被害の状況を詳しく伺います。組織の判断となりますが、三現主義に基づき、できるかぎり訪問を行い、発生現場や現物を見に行きます。火傷などの健康被害があれば、手土産を持参した上で、お見舞いを兼ねた訪問となります。通常品であることが確認取れれば、治療費の支払いには至りません。

誤使用の場合は、商品の特性によってもケースバイケースの対応となります。たとえば、日用品の容器を誤って倒した、その結果、絨毯が汚れた。補償して欲しい、などのケースです。通常の使用の中で倒れる、もしくは、倒れる可能性のあるものであれば、常識の範囲内で保障の対応もあります。苦情対応は、基本の対応方針を定めても全てのカバーはできません。訪問をする、しないを含めて、発生事象ごとに組織としての判断を行います。

5. 健康被害があったときの初診料は払いますか?

健康被害の申し出があった際に、まず最初に行うことは、お体への気遣いです。次に、医者に行くことを勧めます。

これらは、受付時の対応です。この時点では「因果関係」の有無や「製造起因」によるものか、わかりません。医者に行くことを勧めるのは、健康状態の悪化を防ぐためですが、時間が立つと状況が変化して因果関係が不明確になることを避けるためでもあります。医者に行くことを勧めているわけですから、初診料は支払います。この方針が定まっていれば、お客様から聞かれた場合に「初診料はお支払いします」と言い切ることができます。応対メンバーも健康被害の申し出に対して、落ち着いた対応ができます。お客様に少しでも安心していただく、丁寧な対応にもつながります。ただし、この段階における支払いは、領収書に基づいた初診料のみです。「治療費については、きちんとお調べした上でお支払いを検討させていただきます」となります。

6．健康被害があったとき、治療費はどのように支払いますか？

診断書による「因果関係」と、調査した結果の「製造起因」が明確になった上で、医者からの治療計画を確認します。治療期間が長期に渡る歯科案件の場合は、治療の回数や期間を示してもらいます。支払いに際しては、領収書が必要です。治療の都度、領収書をもらい支払うか、期間をまとめて支払うかは、お客様と話し合いの上、取り決めます。支払いは、訪問または、振込みか現金書留で送ります。注意すべき点は、お客様の希望として病院から企業へ直接請求、直接支払を求められることがありますが、これは避けるべきです。治療費の支払いが続いている間は、対応中となります。お客様には、対応中であることの意識付けを持ってもらうことが大事です。

7．過去に苦情の受付がある人への対応はどのようにしますか？

1回目の苦情内容により、2つの対応方法があります。

1つ目は、1回目の苦情内容が企業に問題があり、明らかにお客様に迷惑をおかけしたと判断できる場合です。この場合2回目の受付時には、訪問対応を含めたより丁寧な対応を行います。ご迷惑をおかけしたにも拘らず、その後も同じ会社の商品を選び続けていただいていることへの感謝の意も示します。

2つ目は、1回目の苦情内容が不当要求の可能性が考えられる内容であった場合です。申し出内容が工場起因と考え難い不自然な場合や現物がなかった場合です。現物がなければ対応しませんが、この場合は、現物があっても発生状況、使用状況を詳しく聞き出します。対応すると判断した場合においても、お客様に送付を依頼し、企業側は待ちの状態とします。

8. 弁護士に相談する場合の注意点はありますか？

まず、弁護士に相談する目的を明確にします。目的は、企業として行っていることが法的に問題のないことか、お客様対応において抜けていることがないかについて、専門家の立場から確認してもらうためです。お客様が法律に基づく話を持ち出してきた場合も同様ですが、弁護士に相談しているといったことだけでは、本当に相談しているかは、確かではありません。お客様の要求内容から判断し、法務部の意見を聞きます。その上で弁護士への相談となります。初期対応から弁護士に相談する、弁護士を窓口とするケースは稀です。早い段階からの相談が理想ですが、現実的にはステップを踏んだ相談となります。ただし、法務部には、メールのＣＣに入れておくなど、情報共有レベルの連携を行います。日頃から、法務部とはコミュニケーションをしっかり取っておくことが大事です。途中から相談に乗っていただく弁護士に対しては、時系列を用いて経緯説明を行います。

弁護士に、お客様対応の窓口となってもらう場合は、窓口１本化の原則に従います。注意点としては、弁護士費用の支払いについて、社内の支払い部門の責任者へ事前了解を得ることです。支払い部門は、営業、工場、管理部門など各社、各ケースにより異なります。ＰＬ保険を適用の場合、裁判となれば保険金として支払われますが、示談となって和解した場合には、弁護士費用は出ません。弁護士を窓口として依頼した時点から、代理人委託料などが発生します。お客様相談室のマネジャーや室長は、最終の着地までを想定して、案件を主導していくことが必要です。

9. 示談書は、どのように書きますか?

示談書は、話し合いが合意に至り、当該案件おいては双方申し立てをしない約束を書面化したものです。金銭の支払い内容も記載します。お客様対応の完了が見えた段階で、示談書の作成に入ります。

まずは、PL保険を適用しない場合です。この場合は、お客様より今後この件に関して、申し出はしない旨が簡潔に記載されていればよいです。示談書というよりは、覚書程度の内容で構いません。

PL保険を適用する場合は、保険会社の書式を用いて作成します。この書式には、支払い金額の明細を記載します。PL保険を用いることを想定した場合は、早い段階から社内のPL保険担当者からアドバイスをもらいます。ケースによっては、医者への聞き取りを保険会社が行う場合もあります。保険会社に対しては、時系列を用いて経緯説明を行います。示談書を交わす段階では、保険会社も企業と同じレベルで状況が把握できているようにします。

10．難クレームへの対応力はどのようにして身につけますか？

難クレーム案件に積極的に関わることです。1件1件の案件は、全て異なります。100件の難クレームがあれば100通りの対応となり、その全てが次の対応に活かされます。

対応力を向上するためには、部門を横断した難クレーム対応のチームをつくることです。組織上のチームではなく、社内のお客様対応関係者を横断的につなげたものです。このチームは、お客様相談室が中心となり、発生案件ごとに営業、製造、総務、法務、品質保証などが連携し合います。

難クレームはいつ発生するかわかりません。発生と同時にチームメンバーが集まり、迅速な方針づくりに協力していただきます。メンバー間では、日頃から情報の共有やコミュニケーションを取ることがとても大事です。

第5章

リスクマネジメントと危機管理に強くなる

1 リスクマネジメントと危機管理の違い

消費者視点に立った対応の推進役

お客様相談室は、お客様に最も近い立場と言えます。そして、消費者や社会との接点を持ちます。このことから、企業におけるリスクや危機を未然に防ぐ立場にあります。発生時には、消費者視点に立った対応の推進役を担います。そのためには、リスクマネジメントと危機管理（クライシスマネジメントと同義ですが、以下危機管理として記載）を知り、発生に備えた心構えと準備がかかせません。

危機とは何か

リスクマネジメントと危機管理の違いについてです。リスクマネジメントは事故発生に備えた準備であり、危機管理は事故発生後の対応となります。また、発生内容の違いで考えると、リスクマネジメントは、企業価値を損なう内容全般として広く捉えます。一方、危機管理は、価値の損失だけではなく、企業の存続に関わることや、従業員や企業を取り巻く人の生命身体に関わる内容となります。病気にたとえると、リスクマネジメントは日常的に薬を飲むことであり、危機管理は外科的手術と言えます。

リスクマネジメントとして取り組むべきことは多岐に渡ります。社内においては想定されるリスクを抽出し、発生頻度とリスクの大きさからのランク分けや優先順位付けを行います。また、リスクコミュニケーションの観点からは、リスクについて社内従業員だけではなく、消費者や消費者団体、行政との情報の共有や意見交換が欠かせません。

危機管理においては、発生事実を確認した上で、社内外における関係者との情報共有を行います。消費者に対しては、情報の提供を行い、経営に向けては、消費者視点での意見具申を行います。3つの基本方針「迅速」「正確」「丁寧」に則し、最悪の事態を想定した上で、企業としてできるかぎりのことを行います。

部門を横断した組織・体制

企業内においては、部門を横断した組織・体制づくりが必要です。リスクマネジメントは、リスク予防の観点からも定期的な開催を行い、危機管理は、事故・問題発生時に召集、検討、方針出し、実行までを担います。主幹部署は企業により様々ですが、お客様相談室長はメンバーとして加わり、消費者視点に立った実務を主体的に行います。企業としては、組織・体制を準備しておくことが大事です。

お客様相談室は、企業における消費者の代弁者です。一方、消費者に対しては会社の代表となります。この位置づけを意識して行動につなげます。

マネジャーや室長の役割は、お客様相談室内における情報の共有です。自社の事故や問題に関わる発生状況は、迅速にメンバーに周知します。内容によっては、続報がお客様から入ることや、行政やマスコミから情報の提供を求められることもあります。しかし、会社方針が決まる前に憶測で社外に話すことはできません。入電時に、発生した事実や報道があったことは知っていても「現在は確認中です」としか、お客様には返答できません。初期段階では、お客様相談室メンバーの不安感をやわらげるためにも、確認中としか返答できないことを周知することが大事です。状況が進展し、会社方針が決まる中で、お客様にお伝えできることが決まります。想定される質問と返答内容は、文字にして共有します。
この想定問答のQ&Aをつくるときは、広報や関連部門とも連携して作成します。

2 最悪の事態を想定し常に主体的に動く

お客様視点に立ったリード

危機発生時の対応について考えましょう。危機発生時に、企業として一番守らなければいけないものは何でしょうか。企業を存続させていくために欠かせないものは、社会からの信頼です。その信頼を守るため、お客様相談室は、消費者の立場に立って、役割を主体的に果たします。お客様視点に立って関連部門をリードしていく立場にあります。

心構えとしては、最悪の事態を想定し、消費者に対してできるかぎりの行動を取ることです。危機発生時には、特に時間が大事です。迅速かつ冷静な判断をするためにも、事前に対応ポイントを抑えておきます。

1件の申し出から、最悪の事態に向けた状態を想定することです。健康被害の受付が1件でもあれば、企業の存続、企業価値を大きく損なう事態に発展する可能性はないかと考えることです。同様の受付が2件、3件と続いたにも関わらす、公表が遅れることは社会からの信頼を損ないます。過去の事例の中では、数千を超える受け付けを数ケ月に渡って自社責任として公表をしなかったため信用を失墜した企業もあります。最悪の事態を想定しないのは、次のような思考が優先されているからと考えられます。

・原因はお客様の思い込みにあるなど、他責とする思考が働き重要視しないこと
・数件の発生は、個別対応で済ませることができると、頻度を甘くみる思考
・お客様の購入店舗は限られている、範囲が広がることはないだろうという楽観的思考
・健康被害は、お客様の体質が要因となって多発しているなど、誤った自己防衛機能を働かせる

危機発生時は、誰に目を向けて行動を取るかが問われます。企業目線や得意先目線ではなく、消費者の視点に立った行動が取れるようにします。そのためにも、日頃から受け付

けた声を集約し発信する基本的な取り組みが大事です。お客様の声を共有する仕組みがなければ問題を認識することができません。問題を認識した上で、最悪の事態を想定していれば、初期対応から次の在り方に目を向けることができます。

・申し出のあったお客様に対しての対応
・調査を徹底するため、関連部門の意見を聞く姿勢
・経営トップへの報告準備
・厳しく期限を設けた迅速な対応
・商品回収やホームページ掲載、ニュースリリース、記者会見までを想定

消費者の被害を最小にとどめる

準備を含めた初期対応が最も大事です。この初期対応の中で、方針を定め、公表の判断を行います。方針が決まり次第、消費者の被害を最小にとどめるための働きかけを行います。以下は、関連する可能性ある対応先を示したものです。

・消費者対応：フリーダイヤル対応、総務部や広報部門など代表電話の問合せ対応

・得意先対応：営業部門において個別対応
・マスコミ対応：広報部門において対応窓口を統括
・行政対応：消費者庁、関係省庁への連絡、発生内容によっては警察への連絡

公表を判断する時点で関連部門と発生内容の共有ができていることが重要です。経営トップ、品質保証、コンプライアンス、広報、営業、法務、総務、経営企画、財務、CSR、製造関連、などの各部門と共有します。

3 災害や緊急事態発生時の備え

メンバーファーストを軸とする

台風、豪雨、大雪、地震などによる災害が発生したとき、または発生する恐れが高いとき、お客様対応をどうするかについて考えます。

災害や緊急事態発生時、どのタイミングで電話受付を止めるのか悩みますが、マネジャーや室長は、応対メンバーの安全確保を第一に行動を取ります。会社は、災害の発生規模や予測される状況から、待機や時間短縮勤務を検討し判断します。お客様相談室も極力その判断に合わせます。

地震など大規模災害による影響が2日以上に渡る場合の対策として、お客様相談室の2拠点体制があります。お客様の居住地に応じて受け付けを、東日本と西日本に分けるなど、平常時から2拠点体制の企業もあります。緊急時のみ、拠点を変えて対応する企業もありますが、お客様相談室以外の応援メンバーに頼ることになります。平常時に、応援メンバーの設定や研修、定期的に回線の切り替えトレーニングなどの準備が必要となります。

災害発生を想定した課題としては、サーバーの設置場所があります。お客様相談室専用のサーバーを設けている企業もあります。CTIシステムの交換時には、災害に備えたより安全性の高い場所への設置を検討します。2拠点制で別々のサーバーを用いていればこの問題も軽減されることになります。

在宅勤務の課題

次に、在宅勤務による対応です。大型コールセンターの一部や先進的企業ではすでに実施をしています。2020年新型コロナウイルスの感染防止を契機として取り入れた企業もあります。システムが整えば検討するべきと考えますが、現時点では課題点が多くあります。

一番大きな課題は、メンバーへの電話応対支援です。マネジャーや室長の立場では、エスカレーションのタイミングが難しいことです。会社にいるときには、他のメンバーの気づきにより、エスカレーションの必要性を教えてもらうことができます。在宅勤務の場合、システムの活用によって、長時間の通話やモニタリングはできても、交代のタイミングは、メンバーからのヘルプサインを待つことになります。マネジャーや室長は、メンバーがヘルプサインを出しやすい仕組みをつくる必要があります。また、日頃から気軽に相談ができる関係性をつくりあげておくことも大事です。リモートの場合は、対面以上にヘルプサインを出して相談するときに、緊張感やストレスが生まれると考えられるからです。

応対メンバーの立場では、家庭環境の問題があります。極力周囲の声が入らないようにするため、個室など区切られたスペースを準備する必要があります。また、応対に必要な商品・サービス情報もパソコン内に限られるため、現品を手にしての確認ができなくなります。商品写真や表示などのデータベース化が必要となります。

個人情報などセキュリティの課題もあります。クラウド上で個人情報を管理し、メンバーのCTIには情報が残らない仕組みづくりが必要です。また、CTIがデスクトップタイプであると、持ち運びができません。システムの新規導入時や交換時には、どこまで在宅勤務を視野に入れるかを考えることになります。

リスクを想定する

災害や緊急事態宣言下においては、訪問対応も課題となります。苦情品を預かるには、人の動きが伴います。形而変化のない品であれば、数日遅れての対応をお願いせざるを得ません。健康被害があれば、治療だけは優先していただくことをお客様にお願いします。お客様相談室の場所が災害下にあっても、お客様の地域には影響がない場合もあります。企業内では、影響がない地域の従業員による対応を考えます。このように、平常時からリスクを想定し、課題点を整理しておくことが大事です。

【参考事例】

在宅勤務に向けたコールセンターの取り組み事例です。お客様相談室とは規模や環境が異なりますが、2020年に最初に緊急事態宣言が発令された当時の状況を参考としてお伝えします。

・チューリッヒ保険会社は、緊急事態宣言措置の初日となった4月8日には、対象オフィスにおいてカスタマーケアセンター（コールセンター）および保険金支払い部門では、約90％の社員が在宅勤務による業務対応を行いました。（チューリッヒ保険会社　公式Webサイト　ニュースリリース2020年4月10日）

・損保ジャパンは、2020年7月中にも在宅勤務導入、800人のうち最大2割が在宅勤務としています。（2020年7月14日　日経朝刊）

・コールセンター国内最大手のトランスコスモスは、2020年度中に業務対応するオペレーターの1割超にあたる3000人を在宅勤務にする。データの外部送出などを本社に警告するシステムを導入。在宅勤務の課題とされる情報流出を防ぐとしています。（2020年8月4日 日経Web版）

4 自主回収判断には消費者視点が大切

ブランド維持向上を果たす

自主回収は、商品のブランド価値を傷つけることになり、最も避けたいことです。しかし、回収に対する考え方と対処の仕方次第で、企業としてのブランドを維持するだけでなく、向上させることも可能となります。その鍵を握るのは、お客様相談室です。危機管理における役割を果たすための考え方と具体的な対処方法をお伝えします。全体の流れを把握した上で、自主回収発生時の参考としてください。

回収判断に際しては、消費者視点に立つことが第一ですが、自主回収は、店頭からの引き上げや、お客様の手元商品の回収、工場在庫の廃棄など、企業における経済的損失、食品であればフードロスとなり、慎重な判断が必要となります。以下、回収を判断する際の根拠から順にお伝えいたします。

1. 自主回収判断の根拠

自主回収の判断根拠については、食品を対象としてお伝えいたします。根拠としては、被害拡大の有無を前提として考えます。硬質物や虫類の混入などであっても苦情をいただいた1件に限定される場合、申し出のあったお客様に真摯に向き合う対応と再発防止策に集中します。被害の拡大が考えられる場合は、次の4つの内容が回収判断の決め手となります。

①健康被害の程度
硬質物によるケガや体調不良
アレルギーの発症
細菌の発生による体調不良など

②法令違反の可能性
検査内容の偽り
賞味期限やアレルゲン、原料原産地、重量表示などの誤りや記載漏れ

③商品価値を損なう品質異常の程度

本来の食感ではない品質など

④不快感ある異物混入

ゴキブリなど感覚的、視覚的な不快感を伴うものなど

被害拡大の有無と4つの内容から判断し、回収しない場合には、お客様に説明ができる理由が必要となります。③と④に関しては、程度による判断となります。特に品質面は、商品のブランド価値に対する企業の考え方が反映されます。

2. 限定回収

被害拡大の範囲が限定できる場合は、範囲に応じた回収となります。

①送り先が特定できる場合

通信販売限定商品や、ギフト商品などで送り先の名前や住所が特定できる場合です。1件1件連絡を取り、個別対応による回収となります。

②地域が限定できる場合
販売地域が限定されている場合、ホームページ掲載やプレスリリースは行った上で、その対象地域に限定した新聞告知を行う場合があります。地域から持ち出される可能性がある商品の場合は、発生内容を含めた判断となります。

③店舗が限られている場合
対象店舗において店頭告知を行います。ホームページ掲載やプレスリリースは発生内容次第となります。

3．消費者への伝え方と伝わり方

①企業側による直接的告知方法
・店頭告知
・ホームページに発生事実を公表
・記者会見
・プレスリリース
・新聞に社告掲載

・SNS上に掲載

②間接的に伝わる例
・SNSニュース掲載
・テレビ報道
・SNSに個人が掲載

1件の苦情にリスクセンサーを働かせることが大事です。2件目の受付が、同一の商品・工場・製造ロット・賞味期限であれば、拡大を疑います。苦情受付から回収判断までを、迅速に行うことにより、消費者被害の拡大を最小限に抑えることができます。回収判断が早ければ、店舗や地域をより狭い範囲に限定できる可能性もあります。

苦情受付時に最悪の事態を想定することにより、危機感を持って迅速に社内へ情報共有を行うことができます。回収決定を行う役員には、タイムリーに的確な情報を提供することができます。

コラム

アメリカとの比較

アメリカ合衆国では、異物の危険性により異なりますが、健康被害の観点から、硬質異物の回収は7～25㎜がFDA基準で定められています。虫については、虫そのものが人体に影響がなければ回収はしません。一方、日本国内では、健康被害の発生が考え難い場合でも自主回収を行う報道を目にします。健康被害の可能性がかぎりなく低い場合は、お客様に丁寧な説明と対応を行うことで消費者理解が得られる世論形成を考えなければなりません。そのためにも、苦情の発生事実を速やかにホームページに掲載するなど、ネガティブ情報を開示することが消費者からの信頼を得ることにつながると考えます。

FDA：Food and Drug Administration（食品医薬品局）FDAは食品や医薬品、さらに化粧品、医療機器、動物薬、玩具など、消費者が通常の生活を行う際に接する機会のある製品について、その許可や違反品の取締りなどの行政を専門的に行うアメリカ合衆国の政府機関です。

【参考文献】

・一般財団法人　食品産業センター『食品企業の事故対応マニュアル作成のための手引き』（2016年度改訂版）

【参考情報】

2021年6月1日から「食品衛生申請等システム」における「食品等自主回収情報管理機能」の本格運用が始まりました。情報が1本化され、消費者に速やかな情報提供を行うことを狙いとしています。健康被害発生を考慮したクラス分類を行い、食品衛生法違反、または違反するおそれとして3段階を設定し、食品表示法違反、または違反のおそれとして2段階を設定しています。

2021年3月「食品表示基準Q&A」の一部改正がありました。食品ロスの削減を推進する観点から、食品表示基準に違反する食品表示の修正方法となります。ここでは、安全性に係る表示事項の修正を除き、適正な表示の運用方法を示しています。具体的には、適正な表示を記載したポップシール又はネックリンガーを容器包装の任意の場所に貼付又は配置することによる簡便な表示修正を認めるとしています。食品表示基準の違反をした商品について、当該商品が安易に廃棄されることがないよう促しています。

5 自主回収を想定した準備

自主回収の規模を3段階に分ける

自主回収を想定した準備は、リスクマネジメントの1つと言えます。

入電数を予測し、回収の規模をレベル1～3まで3段階に分けて準備します。入電数の予測は、発生内容、回収の範囲、報道の在り方から推測します。

各段階に応じた対応は、お客様相談室の規模により異なります。参考として、平常時の電話応対メンバーが5名～10名ほどを想定したものです。入電件数は、回収発生初期の1日あたりの入電件数です。

レベル1　0件～100件　お客様相談室、通常回線を使用
店頭告知の場合です。対象が数店舗の場合、入電が入らないこともあります。
入電件数が少ないと予測される場合においても、回収専用回線を用いる場合があります。
土曜、日曜日に店頭告知対応のために電話を受け付ける場合です。土曜、日曜日に通常回

線を開くと通常の受付が入るため、お客様相談室の応対メンバーを数人揃える必要が出てきます。回収専用回線を用いれば、お客様相談室のマネジャーか室長のみなど限られた人数で対応が可能となります。

レベル2　100件～1000件　お客様相談室、回収専用回線を使用

ホームページにて回収内容を掲載、プレスリリース、新聞にて社告掲載の場合です。回収専用の電話機を用意し、台数に応じた社内応援が必要となります。社内応援者は、事前に部門と人を決めておきます。応援者には、定期的に電話応対の基本を身につけていただくトレーニングを行います。

レベル3　1000件以上　社外コールセンターに委託

NHKニュースを始めとするテレビ、新聞、ネット情報などによる自主回収報道が予測される場合です。会社の応援体制と用意できる回収用回線数によっては、社内対応も可能となります。たとえば、1000件に対応の場合、電話機30台、30人ほどの応援が必要となります。

社外委託を想定した準備

回収時に案内する無料電話番号は、店頭告知文や社告に記載するため、回収決定と同時に必要となります。レベル1、レベル2であれば、社内対応となりますが、社外に初めて委託する場合は時間を要します。

社外委託の場合は、事前に準備ができていないと希望する時間内に受付体制を整えることが困難になります。委託先との守秘義務契約も事前準備の1つです。また、委託先担当者の不在や、回収決定が夜の場合に備えて、休日も連絡が取れる準備をしておきます。複数の委託先と守秘義務契約が交わせていれば、委託先の選択が可能となります。可能であれば、社外委託先は、回収時の対応依頼だけではなく、応対品質のチェックなど日常業務の委託を検討します。

回収が決定し、社外委託となった場合、一番難しいことは、電話応対席数（人数）を決めることです。委託会社は、企業からの依頼に基づき人を手配します。委託会社からアドバイスもいただけますが、責任は依頼する側にあります。回収が決まり、短時間で席数を決めなければなりません。遅れた場合それだけ人の手配も遅れます。回収の受付開始時間に間に合わない可能性があります。さらに、雇用契約の関係で一度決めた人数は、2週間は変更ができないなどのケースが発生します。準備の段階で委託先とは、変更条件なども確認しておきます。

テレビ報道があっても、報道後3日間を過ぎると極端に入電件数は減ります。入電は、テレビ報道、新聞告知、SNS報道の順に影響があります。SNS報道とテレビ報道を比べると圧倒的にテレビの報道による入電が多いのが現状です。3日間の数え方はSNS報道が起点ではなく、テレビの報道が起点となります。

他社の回収情報は、常にチェックが必要です。他社回収であっても関連した問合せや、企業名をお客様が間違えて問合せが入ることもあります。回収チェックには、消費者庁のリコールサイトを登録しておくと便利です。

平常時の回収準備として、回収専用の無料電話回線、電話機、受付用会議室などの確保を行います。総務部など会議室を管理している部門には、緊急時に受付用会議室を優先的に使用できるなどの理解を求めておきます。

レベルに応じた回収の模擬訓練を行うことで、回収時の備えとなります。関係者を集め、お客様の第一報の苦情が入ったところから、電話受付までを実践的に行うと効果的です。

6 自主回収時の対応は組織強化と人材育成につながる

組織を横断した対応

回収は、あってはならないことですが、組織強化と人材育成につながります。関連部門が1体となり、組織を横断して対応に当たることになるからです。回収が決定すると、決まった時間の中で緊張感を持ってそれぞれの役割を認識して動きます。一部署だけでは、回収対応は進まず、相互連携が必要であることを体感します。各組織において、各個人がどう関わるかも問われます。回収時は、個人としても何か貢献できることはないかを模索します。その結果、仕事に対する積極性と謙虚さを兼ね合わせた動きを取ることができます。できることを最大限に考えた消費者対応、会社を代表してのお得意先説明、再発防止に向けたものづくり・サービスの見直しなど、会社の価値を維持するため懸命な動きとなります。

お客様相談室のマネジャーや室長は、回収に主体的に関わることで、お客様相談室メンバーや関連部門との信頼関係が強固になります。多くの関連部門が関わる中で、回収場面に応じた判断とリーダーシップが求められます。

特に大事な回収受付の前後30分間

特に大事な時間帯は、受付開始の前後30分前です。開始前30分は、最も緊張感の高まる時間帯です。

この時間で応援者への説明、全体の流れ、注意点などの再確認を行います。受付開始5分前には、準備が整い、30秒前から受話器に手をかけておく体制を取ります。回線の開き方としては、公開している受付時間に対して、30分ほど前から回線を開き準備しておく方法もあります。

受け付けが始まり30分で今後の入電件数を予測し、受付体制の修正に入ります。レベル2以上の場合、応援者に対する配慮も必要です。増員の場合だけでなく、入電状況により、人数を減らす判断も迅速に行います。応援者に対しては、それぞれの本業や回収関連業務で忙しい中、お客様対応に協力していただけたことへの感謝を示します。

開始後30分と1時間の受付情報は、関係者に配信します。関係者は、入電状況を気にしています。また、受付開始後に、想定外の質問や新たな情報が入ります。タイムリーに情報を集め、追加情報や修正情報として共有します。健康被害などの受付には冷静に対応します。初期対応で誤りのないように、状況によっては、エスカレーション対応し、事実確認を行います。難しい入電に対しても安心して対応できる体制を整えます。健康被害の内容や件数は、経営トップまで伝える仕組みも必要です。

販売店からの問合せも入ります。事前に販売店からの問合せが入った時の、営業連携窓口やフローを決めておきます。また、お得意先からの反応なども、営業部門が集約し情報をタイムリーに共有できる依頼をしておきます。

回収を発生させた原因は様々ですが、お客様相談室は、回収対応については責任を持って遂行する立場にあります。回収対応を通じて、組織の活性化や人材の育成につながると考え、起こってしまった回収を前向きに捉えます。そのためにも、マネジャーや室長は平常時における準備と回収の流れをシミュレーションできることが大事です。

7 消費者視点に立った自主回収

回収時にはお客様の声が集まる

回収時は、電話応対に追われることになります。しかし、お客様相談室としては、消費者視点に立った回収の在り方と企業文化醸成の役割があることを忘れてはいけません。回収を通じて、お客様の声を活かす役割を担っています。回収時には、平常時に聴くことのできない、次のような貴重なお客様の声が集まるからです。

・販売を中止にしないで欲しい
・いつから販売が始まりますか
・いつも家族全員で利用しています
・他の商品ではだめなのです
・まとめ買いしてストックしています　など

このような声を記録し共有することは、回収対応に追われている営業や製造部門を中心に心の支えとなります。いかに商品が愛されていたかが、危機の状況下だからこそわかります。また、受付時の分類や属性により購入シーンや利用シーンも見えてきます。

・男性からの入電が考えていたより多い
・全体の年齢構成と比べても高齢者の入電が多い
・地域は関西に集中している　など

声を基に、営業戦略につなげることが可能となります。回収時には、全ての記録はできませんが、お客様の感情が入った言葉や、生活シーンにつながる言葉は極力記録します。当然、回収時には厳しい声もいただきます。企業に期待しているからこそと捉えます。声の共有は、危機意識の醸成と再発防止に向けた取り組みにつながります。

回収を振り返る

お客様視点に立って、回収の案内がわかりやすかったか、対象品が伝わっていたかなど、回収の在り方を考えることも大事な視点です。テレビ報道などがあった場合には、企業名だけが印象に残り、手元に回収対象商品がなくても、勘違いされたお客様から問合せが入ることがあります。入電時には、回収対象品の有無をお客様に対して確認しますが、回収の対象品が少ない場合は、回収の案内方法がわかりにくかったことになります。また、回収率で評価をすることもできます。目指す回収率に至らないため、再度告知を行った企業もあります。回収率は、社会的責任を果たす企業姿勢の表れとなります。

回収専用の電話回線を設けた場合、回収の対応期間は、商品により異なります。食品であれば賞味期限日を基準としてプラス1ケ月ほどは専用回線にて受付を行い、その後は通常回線で受付ができるようにします。電化製品など長期使用の製品の場合、数年に渡り回収を続ける場合があります。対応は、回収率を見ての判断となります。回収内容と対応方針、想定問答などの記録は社内向けFAQに残し、専用回線による受付が終了した後も、対象商品をお持ちのお客様には丁寧に対応することが大事です。

消費者視点に立ったWeb回収

消費者視点に立った回収方法としては、Web回収があります。お客様には、Webサイト上のフォーマットに必要事項を入力していただきます。Web回収の場合は、入力時に対象品の引き取り方法の案内がセットになっているケースが見受けられます。お客様に対象品をお送りしていただく手間を省くことができます。また、24時間受付が可能となります。Ｗｅｂ回収は、回収対象品の数が多い場合に利用されていましたが、今後は電話とＷｅｂ回収との併用が増えることが考えられます。事前の準備としては、平常時にＷｅｂ回収の仕組みを構築しておき、入力用フォーマットの内容まで定めておくことです。

【参考事例】

Ｗｅｂを活用した自主回収事例の一部　（各社公式Ｗｅｂサイトより）

・２０１８年7月　大塚製薬「オロナミンCドリンク」など2製品　約８００万本
・２０１９年11月　キリン「生茶デカフェ４３０ml」　約４３０万本
・２０１９年12月　森永製菓　「サンデーカップ〈パリパリチョコ〉」　約１２８万個

第6章

先進的VOC活動
(Voice of Customer：お客様の声)

1 お客様に一番近い存在として役割を果たす

VOCという言葉を社内に浸透させる

VOCとは、Voice of Customerお客様の声です。お客様の声を商品・サービスの改善や開発に活かし、消費者視点の企業文化醸成につなげる活動をVOC活動と呼びます。お客様相談室は、このVOCという言葉を社内に浸透させる役割を持ちます。お客様に一番近い存在として、お客様の声に日々接しているからです。まずは、社内でVOCという言葉の認知度アンケートを取ってみてはいかがでしょうか。マーケティングや開発に関係する部門の方でも知らない方もいらっしゃるかもしれません。アンケートを年に1回実施し、認知率を高めることは、お客様相談室の目標にもなります。

VOCの認知率を高めることは、声を活用した商品・サービスを生むだけでは無く、消費者目線の企業となることに近づきます。お客様相談室からの発信物や会議などを通じて認知率を高めます。ＶＯＣという言葉を組織の名前に用いている企業もあります。組織名に用いることは、従業員がＶＯＣに関心を持つきっかけになります。さらに、ＶＯＣメンバーは、組織名を知ってもらうため様々な工夫を行います。認知度が高くなることにより、モチベーションアップにもつながります。

プロダクトアウトからマーケットイン、カスタマーアウトへ

企業の落とし穴は、プロダクトアウトの思考にあります。これまで成長を支えてきたのは、「技術力にある」「よい製品をつくればお客様は喜んでくれる」といった成功体験の思考を持ち続けてしまうことにあります。これらは、製造の立場が強い企業に多く見られます。組織を横断するマーケティング部門の影響力が弱い企業や、マーケティング部門そのものがない企業もあります。お客様のニーズは常に変化しています。その変化を読み取り、ニーズに応えるマーケットインの思考と組織体制が持続的成長には欠かせません。

マーケットインの核となるのは、市場です。市場を構成するのは消費者です。その消費者の声がＶＯＣであり、ＶＯＣに目を向けることなくマーケットインはありえません。さらに思考をすすめるとカスタマーアウトに到達します。マーケットインは、企業が起点と

なり市場を取り込むことですが、カスタマーアウトは、お客様や消費者の立ち位置が起点となり、そこから事業を行う思考です。

VOC推進の目的、目標、手段

VOC活動を推進するにあたり、その目的、目標、手段を抑えておきます。

企業全体におけるVOCの目的は、お客様満足の向上です。この満足には、不満を解消しての満足、ニーズを満たしての満足、さらに満足から感動体験を含むものです。お客様満足は、CS（Customer Satisfaction）です。最近はCSからCSV（Creating Shared Value：共通価値の創造）に目が向けられていますが、CSは企業活動の基本となるものです。CSを基本とした上で、CSマインド浸透とCSの仕組みの活用により、本業への貢献となるCSVの実践に目を向けるべきと考えます。

7つのマインドセットの中において「企業内の他部門をお客様とする」とお伝えしました。この思考に基づき、他部門がどのようなVOC情報をどのような形で受け取ると満足を得ることができるかを考えます。品質関連部門におけるVOCと、マーケティング部門におけるVOCでは、必要とする情報の切り口が異なります。理想のVOC活用の在り方は、お客様相談室が情報を提供するのではなく、各部門が情報を取りにくる状態です。VOCの認知度、必要性が高まることで可能となりますが、その企業文化をつくりあげるには時間を要します。まずは、情報を提供することから始めます。

VOCの目標は、お客様満足向上に向けた取り組みの数値化、状態化です。声を基にした、改善提案件数、改善実施率がわかりやすい目標値となります。冒頭お伝えした、VOCの認知率を高めることも目標となります。商品開発も目標となりますが、成果が出るまでは長期に渡ります。開発に関与する度合いの評価は難しいものです。VOCを活かした開発体制の構築という目標であれば、達成可能と言えるでしょう。

VOCの目標達成手段は「収集」「分析」「活用」の3つです。まずは、この3つをお客様相談室が主体的に推進することから始めます。「分析」や「活用」が充実し、効果を示すと、リサーチやマーケティング部門などでもその手法に目が向きます。リサーチやマーケティング部門が会社組織になければ、その機能を活かした新設部門の立ち上げにつながります。ここでは、お客様相談室が主体的に「収集」「分析」「活用」を推進するために何をどうすべきかについて触れたいと思います。

企業規模によっては「収集」「分析」「活用」を応対メンバーが全て行う場合もあります。

また、組織体制が取れる企業であれば「収集」は応対メンバーが行い「分析」と「活用」は、応対メンバー以外が担当することもできます。この場合に大事なことは、電話応対メンバーと分析・活用メンバーとの連携です。また、分析・活用メンバーは「収集」する声の範囲について考える必要があります。お客様相談室に入る電話の声、メールの声だけではありません。営業を通じての声、SNSの声、モニターの声など様々な声があります。電話の声を中心に仕組みをつくりますが、集める声を広げることでVOC活動の充実度が増し、目的、目標の達成に近づきます。

2 「収集」に必要な応対品質の質と量

集める声の質を高める

VOCの目的・目標を達成するための手段は「収集」「分析」「活用」の3つです。それぞれについて何をどうするかお伝えします。収集は、お客様相談室の業務そのものです。

応対品質向上の取り組みは、電話応対による直接的お客様満足だけではなく、VOC活動による間接的お客様満足にもつながります。ここで問われるのが、収集する声の質と量です。分析し活用するにあたり、収集する声が起点となります。声の量を増やし、声の質を高めることが大事です。質の高い声とは、申し出をいただいたお客様の背景が目に浮かぶ情報です。お客様の生活が目に浮かぶ情報と言えます。

そのためには、質問力を高めて、背景や生活実態を聞き出すことが必要です。さらに潜在的お客様ニーズやお客様インサイト（無意識の心理）を見出すことです。基本の応対品質を高めた上でなければ質問には至りません。自然な会話の流れの中で気持ちよく質問に答えていただくためです。質問することでお客様が負担を感じ、少しでも不快になるようなことがあれば、本末転倒なことになります。

集める声を広げる

ツイッターやフェイスブック、またはインスタグラムなどに代表されるSNSからもVOCを収集することができます。他には、消費者モニターの活用などの方法もあります。お客様相談室に入る声に関連した声をSNSやアンケートから集めます。アンケート調査は自社のメルマガ会員などに対して行うことの他に、外部の調査会社に委託することもできます。限られた数の質問数にはなりますが、低料金で実施できる調査会社もあります。声を集めるために大きな役割を持つリサーチにつきましては、第6章5項にてお伝えいたします。

3 「分析」はメンバーの気づきから

3つの視点で声を分析する

VOC活動の実行手段としての「収集」「分析」「活用」のうち分析についてお伝えします。VOC活動における分析とは、収集した消費者情報を細かく分けることで、複雑な消費者実態を明らかにすることです。VOC活動を進化させると、マーケティングやリサーチ、統計学などの理論に基づき、見えていない消費者実態の把握を行うことになります。

分析の基本は、分けることです。分ける対象は、申し出の声を中心とした消費者情報です。次の3つの視点を持って分析を行い「活用」につなげます。

1. 申し出内容を大分類、中分類、小分類と3分類すること
2. 1件の受付であっても、有益な声を抽出すること
3. 申し出内容の中から、有益な単語を抽出して集めること

1. 申し出内容を大分類、中分類、小分類と3分類すること

申し出内容は、苦情と問合せに分類します。これを大分類とした上で中分類、小分類を設定します。分析の具体例としては、次のとおりです。

・販売店の問合せを中分類とした上で、頻度の高い商品と受付件数を抽出する
お客様が買いたい商品があるのに、販売店に置いて無いため、買えない状況が考えられる
↓営業から販売店への情報提供として活用ができる

・苦情内容を中分類、小分類で分けて昨年比較を行う

増減の原因を把握し増減数と合わせることで苦情の傾向がわかる
↓品質保証部門、製造部門における対応策に活かす

・クロス分析として、年齢、性別と使い方の問合せを掛け合わす
高齢者にターゲットを絞った困りごとの実態が把握できる
↓高齢者に使いやすい商品の改善・開発に活かす

・地域別に問合せの多い商品とその地域の平均世帯年収（社外データ活用）
地域に応じた購入商品の違いを把握できる
↓地域別販売戦略に活用

2．１件の受付であっても、有益な声を抽出すること

・商品リスクにつながる苦情の声、お客様の感情が入った声
・従業員のモチベーションアップにつながるお褒めの声
・販売促進や商品・サービス改善のヒントとなる意外な使用方法や生活実態を把握するための声

3．申し出内容の中から、有益な単語を抽出して集めること

・商品別にキーワードとなる単語を抽出し単語の登場回数を把握
・キャンペーン、イベントなどのテーマ別に単語を抽出し、消費者が持つ印象、効果を把握

分析結果を配信する

受け付けた内容全てを文字化し配信しても、読み込める従業員は限られます。分類した結果や抽出した内容に絞り配信することにより効果的な情報となります。また、誰に何のために配信するかを抑えた上でその回数やタイミングを検討します。分析するメンバーの人数や力量によっても内容は異なります。応対メンバーが分析、配信を1人で行っている企業もあります。優先順位を決めた分析と配信が必要です。優先順位は、VOC活動を通じて企業として何を得たいかにより変わります。消費者視点の企業文化醸成、商品・サービスの改善開発、商品リスクの軽減など様々です。

VOC配信物としては、日報、週報、月報、四半期報告、年報などが定期配信となりま

す。また、トピックに合わせた配信や社内報・ＣＳＲレポート・全社報告書の中にＶＯＣ枠を設けて分析内容を盛り込むことができます。

情報提供の仕方は、メール配信、ポータルサイト配信、紙媒体、会議などに合わせた対面報告など様々ですが、継続して関心を持ってもらうために、各部門の業務に活かせる内容とします。営業部門がお得意先にそのまま紹介できるトピックの内容や、申し出内容から商品改善までをストーリー化して伝えるなどの工夫をします。

メンバーの「気づき」を大切にする

分析は、メンバーの気づきを大切にします。応対メンバーと分析メンバーが異なる場合、応対メンバーが肌で感じたこと、気づきを分析メンバーに伝える仕組みが必要です。その仕組みとしては、ＣＴＩシステムに気づきを入力することや、応対メンバーが気づきを連携シートに記入し、分析メンバーに伝える方法などがあります。

たとえば、使用方法を誤ったお客様から、苦情を受け付けたとします。同じ誤使用の申し出が他に無かったとしても「お客様の主張に共感できる」「注意書きがあってもわかりにくい」「今後の誤使用の可能性を考慮して改善をすべきだ」といった応対メンバーからの発言や思いを重視します。そのような思いを、ＣＴＩシステムや連携シートを活用して、分析メンバーにつなげます。

連携シートをつくる時のポイントは、記入した応対メンバーのコメントを分析メンバーが検討し、検討結果をフィードバックすることです。応対メンバーの思いを尊重します。また、検討しフィードバックした内容が蓄積されるプロセスそのものがメンバーの感性を高めることになります。応対メンバーだけではなく、マネジャーや室長も受付内容に対する意見や思いを記入します。また、記入されている内容をもとにメンバーと会話を行います。お客様相談室全ての従業員がお客様の声に関心を持ち関わることになります。

4 VOC「活用」の仕組みをつくる

VOC推進を経営トップの方針として掲げる

VOC活動の実行手段としての「収集」「分析」は「活用」のためにあります。お客様満足向上に向けた商品・サービスの改善をテーマとした仕組みづくり、関連部門の巻き込み方についてお伝えします

お客様の声を収集・分析した結果を活用するためには、活用に向けた仕組みをつくることです。仕組みをつくる上で、最も大事なことは、VOC推進を経営トップの方針として掲げることです。企業は3年間、5年間など中期経営計画を立てます。この中期経営計画の中に、VOC活用につながる方針を含めます。直接的にVOCという言葉でなくても構いません。お客様の声、お客様理解、消費者視点、などのキーワードが含まれることです。

多くの企業では経営理念やスローガンとしてお客様満足やお客様視点を掲げています。しかし、経営計画となると、売上、利益、が中心となり、お客様や消費者という言葉が入りません。本来、経営理念やスローガンに沿って、経営方針に含めるべき重点項目と言えます。

経営トップの方針にお客様や消費者というキーワードが入ると、各部門がブレークダウンした形で方針や施策を考え始めます。成果を意識したアクションプランを立てることになります。企業全体が同じベクトルに向いて動き出します。各部門に、お客様の声を活用して欲しいとお願いするのではなく、各部門からお客様の声活用の依頼が入ることになります。

マネジャーや室長は、経営方針にVOC関連のキーワードが含まれるよう意識し行動します。そのためにも、声の収集や分析内容のレベルを向上させることが大事なミッションとなります。

VOC会議は、目的に応じた頻度と参加者を考える

マネジャーや室長は、お客様相談室が主幹部署となるVOC会議を開催します。この会議は、目的に応じて、頻度や、どの部門の誰を主体とするかを決めます。

参考例としては次のとおりです。

・苦情内容の共有と対策を目的とした、毎朝のミーティング
品質保証担当が参加

・商品・サービスの改善検討を目的として、週に1回、実務担当者を集めるミーティング
営業、商品開発、CS担当、品質保証関連などの実務担当者が参加
・商品・サービスの改善判断を行うことを目的として、月に1回、部門長を集めた会議
商品開発、マーケティング関連の部門長が参加
・消費者の傾向と実態を知り商品開発や新市場開発を目的として、半年に1回役員を集めた会議
品質保証、マーケティング、商品開発担当の役員が参加

月に1回の会議や、半年に1回の会議には、他部門の責任者や役員、監査役なども参加が可能な開かれた場にすると、会議の持つ影響力が高まることになります。一方、実務担当者の会議は、できるかぎり自由に意見を言い合える雰囲気をつくることに注力します。

各企業の傾向として、会議はなるべく減らす傾向にあります。お客様相談室の置かれている状況に即してできることから始めればよいと思います。オンラインを活用し、1回の会議は1時間以内などと決めることが大事です。

VOC活動推進のためには、実務担当者レベルの会議、ミーティングがベースとなります。分析、活用のVOCメンバーだけではなく、電話応対メンバーも参加し、発言の機会

を設けることで現場感と説得力が増します。メンバーのモチベーションアップにもつながります。

会議は単発で終わらせない、会議につながりを持たせる

商品・サービスの改善開発を実施することをテーマとした場合、各会議体につながりを持たせます。

たとえば、担当者→部門長→役員の流れは、それぞれ、声の検討→改善開発の判断→改善結果の振り返りに、置き換えます。また、お客様相談室が作成した配信物を各会議体で検討資料として有効活用することができます。一方的な配信や、情報の共有だけで無く、会議などを活用した双方向のコミュニケーションの積み重ねが大事です。

関連部門の巻き込み方

お客様相談室にとって、関連部門は大事なお客様です。関連部門の協力なくしてVOC活動の推進はできません。関連部門それぞれに向けた有益な声や情報があれば、配信物や

会議などとは別にタイムリーに情報の提供を行います。この取り組みを、マネジャーや室長だけではなく、VOC担当メンバーや、応対メンバーが自主的に行える企業文化を育てることです。たとえば、お褒めの声を受け付けた応対メンバーが、そのときの感想を添えてメールでダイレクトに、開発や品質保証担当者に送付します。送付した内容の写しにマネジャーや室長を入れておけば組織として配信した意味合いが含まれます。関連部門とは、双方向のコミュニケーションを心がけ、お客様相談室メンバーが熱意を持って接することでミーティングや会議に前向きに参加してもらえることができます。

守りと攻めのVOC活動

5 マーケティングリサーチは攻めのVOC活動

電話による声の収集を守りのＶＯＣ活動とすると、リサーチによる収集は、攻めのＶＯＣ活動と呼べます。リサーチは、声を集めるために広く消費者に向けて能動的に働きかけるからです。また、不満があっても行動を起こさない消費者の声なき声、サイレントボイスの収集となります。

お客様相談室におけるリサーチは、電話の声に対する裏づけとなります。お客様相談室メンバーは、聴く力を始めとするコミュニケーション能力と消費者視点を持っていることから、リサーチャーとしての資質を持ち得ています。消費者の実態を知ることは、お客様相談室の役割にも合致することです。ただし、マーケティング部門などがリサーチ機能を持っていたり外部委託している場合には、お客様相談室としては、マーケティング部門との連携となります。企業としてリサーチは欠かせないものであり、お客様相談室に機能として持たせる場合についてお伝えします。

リサーチを機能として設ける

先進的ＶＯＣ活動としては、リサーチ機能が欠かせません。

お客様相談室において、最初にリサーチ機能を持たせる場合は、電話応対メンバーの中から専任の体制つくることから始めます。専任化は、リサーチするにあたっての専門知識、スキル、経験を身に付けるためです。電話応対メンバーとの密な連携が必要となりますが、電話応対による声収集の難しい点を把握しているため、電話応対者に配慮した連携を取ることが可能となります。たとえば、声を分析する立場では、もっと深堀して質問をして欲しいと感じることがあります。しかし、電話応対の様々な状況を体験していると、自然な会話の流れの中では深堀が難しい場合があることが理解できています。状況によっては、応対メンバーに質問ポイントをアドバイスすることも可能となり、引き出す情報の質が高まります。

リサーチの方法は、定量的リサーチと定性的リサーチに2分類できます。

定量的リサーチは、モニターアンケートにより数値化された消費者実態を把握することです。お客様の声から仮説を立て、その検証手段として用いることができます。多くの消費者に質問することで全体観を持った把握が可能となります。公式メルマガを活用してアンケートを取ることができます。また、外部のモニター調査会社を活用する方法もあります。

定性的リサーチは、座談会形式のグループインタビュー（フォーカスグループインタビュー：FGI）が中心となります。消費者自身も意識していない領域、消費者インサイトを知る方法の1つと言われています。全体意識よりも一人一人の意識を探ることになります。1グループ6人ほどのモニターを目的に合わせてスクリーニング（選択）します。スキルを持った司会者が進行役となり、テーマに沿って2時間、自由に会話をしてもらいます。会話は録音、文字化した上で分析作業を行います。専任者は、司会者、分析、レポート・提言書作成の役割を持ちます。

グループインタビュー以外に1対1のデプスインタビューや、商品を使用している現場や場面を観察するエスノグラフィーなどがあります。

リサーチ専門家を育てる

リサーチ専任者を育てることができるかどうかは、組織の考え方や在り方、経営方針によります。育成にはコストと時間を要しますが、複数の専任者を設け、組織化することで機能すると考えます。その場合、リサーチ専任者のスキルを高めるためには、次の2点の要素が必要です。

1．模範となる専門家につくこと

社内にリサーチャーとしての専門家がいる企業はわずかです。まずは、社外の専門家から指導を受けてマインド、スキル、手法を学ぶことです。専門性を身に着けるには、最低でも2年~3年はかかります。

社内で育成されることにより、専門家を増やす仕組みも構築できます。開発やマーケティング部門、営業部門がリサーチについての知見を持つことは、業務に深みを持たせるだけではなく、消費者志向の実践につながります。

2. 実践で経験を積むこと

リサーチ専任者は、専門家によるグループインタビュー実践の場面を体験することが大事です。企画書の作成から始まり、モニターの募集、スクリーニング方法、記録、分析、レポート作成、報告会まで全ての流れを見ることです。見て知った上で指導を受けながら経験を積みます。

リサーチの機能を持たせた上で大事なことは、その活用です。発信物や会議体に利用するだけではありません。商品開発の仕組みとしてリサーチを組み込みます。コンセプトづくりから利用に至る部分ごとにリサーチは可能です。最終的には、リサーチによる一定の評価指数をクリアしなければ新商品として発売しない仕組みづくりまでが求められます。消費者視点に立ったリサーチ機能を企業内に持たせることは、消費者の声の実践的活用につながると言えます。

【参考文献】
・上野啓子『マーケティング・リサーチの実践的教科書』日本能率協会マネジメントセンター（2008年）

6 VOCツールを活用する

CTIとCRM機能を用いる

第2章では、応対メンバーサポートとしてCTI（Computer Telephony Integration）とCRM（Customer Relationship Management）をお伝えしました。これらは、VOC活動の推進ツールとしても活用できます。お客様の声を収集・分析・活用するためのツールを紹介します。

・CSV出力

CSVは、Comma Separated Value、カンマ（Comma）により区切（Separated）られた（Value）値です。

受付内容をCSV出力し、読みやすいフォーマットに自動変換することでそのまま配信ができます。

・お客様の属性を選択できる機能

年齢・性別・地域・お客様の様子の年度変化などから、お客様の傾向や変化をつかみます。

・分類を設定し選択できる機能

大分類・中分類・小分類に分けて全体の傾向を把握します。商品やお客様の属性と組み合わせることで再分化した傾向の分析ができます。

テキストマイニング

声の分析時に活用できるツールです。

マイニングとは、地中の鉱物などを掘り出すことです。文字の中から有益な声を掘り出す意味を持たせています。文字化された受付内容から、キーとなる単語を抽出し、課題設定や仮説を立てることができます。抽出されたキーワードは、可視化され、一定期間に受け付けた声の傾向を把握することが可能となります。また、最近では単語の抽出だけではなく、不満や要望など、お客様が単語を用いた意図を読み込むことが可能となっています。このようなテキストマイニングを活用するに際しても、分析担当の分析力や気づきが大事です。消費者視点に立った、やわらかな思考が欠かせません。

自動音声認識機能

人を介さず話し言葉を文字化する技術です。集める声の量を増やすことが可能となります。文字化される変換率は、年々高まっています。受付内容そのものを読むための文字化ではなく、テキストマイニングと組み合わせて分析するツールとしては、検討すべき機能です。

録音音声編集ツール

受付音声から個人情報を削除し、短い時間にまとめる際に役立ちます。2分程度に短縮した声を従業員に聴いてもらうことで消費者視点の風土醸成に役立ちます。

【参考情報】

テキストマイニングツール

・「見える化エンジン」株式会社プラスアルファ・コンサルティング

・「TRUE TELLER」株式会社野村総合研究所

7 カスタマーエクスペリエンスの実現

カスタマーエクスペリエンスとは何か

カスタマーエクスペリエンス（Customer Experience：CX：顧客体験）は、お客様が商品やサービスを選択する段階から、購入、使用、廃棄、アフターサービスまで、一連の体験を不満、満足、要望の視点から捉えたものです。商品は、一要素に過ぎません。企業や商品、サービスなどと接する一連の体験を通して、顧客ロイヤルティの創出や企業の持続的成長につなげる考え方です。

顧客ロイヤルティを高めることとは、持続的購入を意味します。既存客の顧客生涯価値を高めることです。新規の顧客獲得が困難となり、既存客をより大事にする潮流となっています。新規の獲得コストは、既存顧客に対して数倍のコストを要すると言われています。商品の品質全体が向上し、差別化が困難になってきたことで、商品以外の価値を高める必要があります。また、これまでは目に見えなかったサービスが、SNSにおける情報サイトや口コミにより消費者の目に留まり、数値化や順位づけがなされる時代です。CS活動は、お客様満足に目を向けた活動の基本であり価値のあることですが、カスタマーエクスペリエンスは、よりお客様の消費行動を中心に見据えたものです。

VOC活動とカスタマーエクスペリエンス

カスタマーエクスペリエンスの実現において欠かせないものがVOC活動となります。

特に第3章でお伝えしたNPS調査が効果的と言われています。調査を顧客接点ごとに細分化することで、何がプラスに影響し、何がマイナスに影響しているかが掴めます。不足している顧客接点の場面があれば、その場面にフォーカスしたアンケートや、インタビューなどの手法を用います。たとえば、商品やサービスを購入する前に企業ブランドを意識しているか、ブランドの何に目を向けているかをアンケートやリサーチにより深掘りします。

お客様相談室とカスタマーエクスペリエンス

各企業により消費者志向の推進度合いは異なります。まずは、VOC活動として推進できることから始めます。平行してカスタマーエクスペリエンスの考え方に目を向け、社内にに浸透させる準備を始めます。お客様相談室は将来に向けて、カスタマーエクスペリエンスを浸透させる役割を果たすべきと考えます。すでに一連の顧客接点における顧客体験に目を向けて、マーケティングや経営企画部門において、仕組みを構築している企業であれば、お客様の声を軸に支援します。仕組みができていなければ、考え方を浸透するためにVOC活動を基本に賛同部門を増やして行きます。そして、VOC活動の推進を、企業の持続性だけではなく、消費者・社会全体の持続性の観点から戦略的に捉えた思考が7章でお伝えする消費者志向経営となります。

【参考文献】
・今西良光、須藤勇人『実践的カスタマー・エクスペリエンス・マネジメント』日経BP（2019年）

第7章

消費者志向経営の推進を目指す

1 消費者志向経営推進の背景

消費者志向経営とは何か

消費者志向経営とは、消費者に目を向けた経営の在り方、考え方です。サステナブル経営という愛称を持ちます。

短期的な売上や利益を追求することより、中長期の視点に立って、持続可能な企業や社会を目指す経営を指します。そのためには、経営の中心に消費者を置き、消費者視点を持って消費者理解を深めます。消費者が自立して正しい消費選択を行う社会を「消費者市民社会」と言いますが、消費者志向経営の推進によってなされるものです。

消費者志向経営は、消費者庁を中心とする行政が指針を示していますが、実行する主体は、企業を始めとする事業者です。指針の中では、具体的にどのような考えや行動が消費者志向であるかを指し示した上で、各社の具体的取り組みを共有する仕組みを構築しています。各企業は、お客様や消費者に目を向ける経営を謳っていますが、その本来あるべき姿に目を向けることを行政が支援をしていると言えます。企業は、この考えを共有し、手段として活用すべきと考えます。しかしながら、消費者志向経営は、十分な浸透には至っておりません。趣旨を理解した上で、経営トップ名で「消費者志向自主宣言」を社内外に宣言することを推奨していますが、宣言事業者は、２０２１年7月末現在、２２０事業者です。徐々に増えてはいますが、決して多い事業者数とは言えません。

お客様相談室に関わる全ての従業員や担当役員は、消費者志向を推進する責務があると私は考えます。お客様に一番近い立場であり、消費者と企業をつなぐ役割を持つからです。さらに言えば、消費者志向経営を推進する主体となり、経営トップに対する第1のサポート部隊となることは、お客様相談室の価値向上につながります。大事なことは、表面的にお客様第一を謳うことではありません。実際にお客様視点の企業文化を社内に醸成し、VOC活動として、お客様の声や社会のニーズを商品・サービスに反映させることです。消費者志向自主宣言は、宣言ありきではいけません。宣言後に1年間の活動をフォローアップ活動として掲載しますが、まずは、できることから行うことです。そして、毎年の見直しや改善を繰り返し、スパイラルアップさせていくことです。１社でも多くの企業が、消費者志向経営に関心を持つことを願っております。

消費者志向経営の推進に至る経緯

2015年3月24日閣議決定となった「消費者基本計画」において「事業者が消費者を重視した事業活動すなわち消費者志向経営を行うことが健全な市場の実現につながる」と位置づけました。

消費者庁にて「消費者志向経営の取組促進に関する検討会」を開催。（2016年4月報告書作成）

検討会の内容を踏まえて「消費者志向自主宣言」を各社ホームページに掲載、消費者庁ホームページに宣言内容の掲載が始まりました。

2018年、各社が「消費者志向自主宣言」に基づいた取り組み状況を「フォローアップ活動」として作成、消費者庁ホームページに掲載しています。

消費者基本計画は5ケ年の実行計画です。

2020年度　第4期「消費者基本計画」においても「消費者志向の価値を高める取組を促進する」としています。以下3点を掲げています。

1．消費者志向経営の表彰

2. 消費者志向経営の基準の明確化
3. フォローアップ活動の実施の促進

消費者基本計画は、消費者基本法に基づいています。1968年に定められた消費者保護基本法を、2004年に改正し消費者基本法としています。消費者を保護する立場から自立を支援する立場に変えたものです。消費者基本法において、8つの消費者権利を定めています。また、第5条 事業者の責務として、供給する商品及び役務について5項目の責務と消費者の信頼確保を掲げています。世界に目を向けると、アメリカ合衆国では、早くも、1962年にケネディ元大統領が大統領特別教書の中で、次の4つの権利を定めています。

・安全である権利
・知らされる権利
・選択できる権利
・意見を聴かれる権利

これは、世界的な指針となった権利で、消費者基本法の内容とともに抑えておくべきことです。これまでの経緯を知った上で、未来、次世代に向けての消費者志向経営を考え推進していくことが大事です。

2 SDGsの目標達成につなげる

SDGsについて

消費者志向経営の推進は、2015年に国連で採択された「持続可能な開発目標（SDGs：Sustainable Development Goals)」の達成につながります。（図4）共に持続可能な社会というテーマを持ちます。SDGs の対象は地球規模であること、推進母体が国連であることからよりグローバルな展開となっています。

SDGsは国連が定めた17の目標を2030年までに達成させるという明確なゴールを持ちます。17の目標は細分化され169のターゲットに向けて実行します。前文を読むことで、地球を持続可能なものとする、国連の本気度がよくわかります。

「我々は、世界を持続的かつ強靱（レジリエント）な道筋に移行させるために緊急に必要な、大胆かつ変革的な手段をとることに決意している。我々はこの共同の旅路に乗り出すにあたり、誰一人取り残さないことを誓う」

前文の中に、「Transforming our world: the 2030 Agenda for Sustainable Development」とあります。変化させるではなく、「Transforming」、変革という強い意思を示しています。

行政や経済団体の動き

政府は「ＳＤＧｓアクションプラン２０１９」の中で、国内実施・国際協力の両面

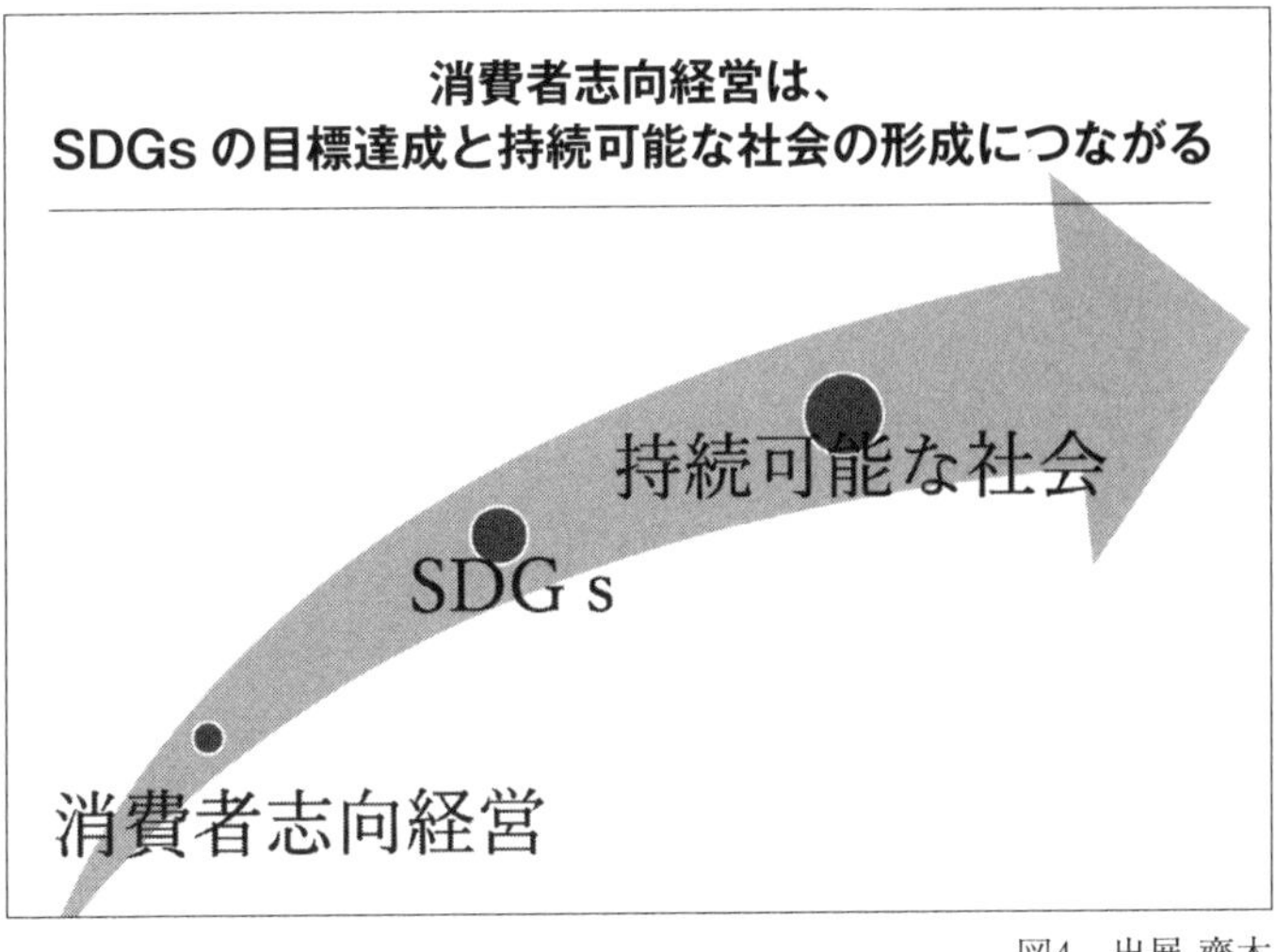
消費者志向経営は、
SDGsの目標達成と持続可能な社会の形成につながる
持続可能な社会
SDGｓ
消費者志向経営

図4　出展 齊木

において、次の3本柱を中核とする「日本のＳＤＧｓモデル」の展開を加速化していくとしています。

Ⅰ．ビジネスとイノベーション　～ＳＤＧｓと連動する「Society 5.0」の推進～

Ⅱ．ＳＤＧｓを原動力とした地方創生、強靱かつ環境に優しい魅力的なまちづくり

Ⅲ．ＳＤＧｓの担い手としての次世代・女性のエンパワーメント

２０１７年から表彰制度として「ジャパンＳＤＧｓアワード」を設けています。

また、消費者基本計画の施策と、ＳＤＧｓの目標を関連づけています。「消費者が主役となって選択・行動できる社会の形成」を推進するとしています。

日本経団連は、２０１７年にSociety 5.0の実現を通じたＳＤＧｓの達成を柱として企業行動憲章を改定しています。「Society5.0 for SDGs」を打ち出し、ＡＩやＩｏＴ、ロボットといったテクノロジーを使ってＳＤＧｓに取り組む姿勢を打ち出しています。日本経団連の取り組みは、経営層がＳＤＧｓに目を向ける契機になったと言えます。

SDGsと企業

17の目標の中の12番目に「つくる責任使う責任」があります。商品やサービスをつくり、提供する側としての企業の責任が問われるものです。持続可能な生産と消費、健全な市場の実現が求められます。SDGsは、社会と経済課題の同時解決を目指しています。また、17番目の目標は、16番目までとは意味合いが異なり、関係するもの同士のパートナーシップの必要性を強く訴えています。消費者・事業者・行政・学生・NPO法人、相互のパートナーシップがあって初めて達成可能となることを示しています。

2018年頃よりSDGsのピンバッチを目にするようになりました。経営層を始めとして、様々な立場の方がこのピンバッジをつけることにより、日常的にSDGsに触れることになりました。各社はSDGsにどう向き合うか、本業を通じてどう貢献するか試行錯誤が始まっています。テーマに応じて具体的なアクションは様々です。地球環境を守る政策はCSR活動の一環でもあり、従来の施策にアクセルを踏む形になっています。海に関わるビジネス、山に関わるビジネスも17の目標の1つに直結します。

消費者志向経営は、SDGsの目標を達成するための手段となります。この認識をお客様相談室として持つことが大事です。その上で、SDGsに関心を持ち始めている経営層がそのつながりを理解することで消費者志向経営の協力者、推進者となります。さらに昨今、経営層はＥＳＧ投資（環境Environment・社会Social・企業統治Governance）に注目しています。ＥＳＧ投資もＳＤＧｓにつながる取り組みと言えます。ＥＳＧ投資に目を向けた経営の在り方としても消費者志向経営はその役割を果たします。

【参考情報】

・Society 5.0とは　内閣府ホームページ
サイバー空間（仮想空間）とフィジカル空間（現実空間）を高度に融合させたシステムにより、経済発展と社会的課題の解決を両立する、人間中心の社会（Society）
狩猟社会（Society 1.0）、農耕社会（Society 2.0）、工業社会（Society 3.0）、情報社会（Society 4.0）に続く、新たな社会を指すもので、第5期科学技術基本計画において我が国が目指すべき未来社会の姿として初めて提唱されました。

・２０２０年7月14日　日経　朝刊
日本生命保険　社会貢献の具体的効果を測定した上で投資先を決める
医療や食糧、気候変動の問題解決に取り組む事業の社会への貢献度

3年後に300億円規模を投資
ESGを重視する投資の一環でインパクト投資と呼ぶ

3 お客様相談室が主体的に推進する

消費者志向経営は経営戦略であり行動指針である

消費者志向経営の推進は、単にお客様相談室が消費者との関わり方を進化させることではありません。消費者志向経営は、経営トップが中心となり、消費者を経営の中心に置く経営の在り方です。全社の経営戦略であり、行動指針と言えます。お客様相談室の役割は、経営トップへのサポートに過ぎません。全従業員に浸透させるためにも、経営トップに消費者志向経営とは何かを伝えることから始まります。

消費者志向の企業文化を醸成する

消費者志向の文化を全社に醸成するためには、声を聴く活動が一番わかりやすく、伝わりやすい方法です。声を聴くこと、消費者に関心を持つことです。その上で、商品・サービスの改善開発に声を活かすVOC活動につなげます。声を聴く活動のリソースをお客様の声の文字化、録音として持つのは、お客様相談室だけです。経営サポートの一環として声を聴く活動を担うことになります。

関連部門を巻き込み理解を求める

消費者志向経営を推進するためには、品質保証、法務、コンプライアンス、CSRなど関連部門との連携が不可欠です。さらに、消費者志向経営を経営戦略ととらえると、経営企画部門の理解と協力なくしては成り立ちません。関連部門が主体的に全従業員に働きかけ、全従業員が意識と行動を起こすこと、お客様相談室は、そのために活用してもらう部署となります。たとえば、コンプライアンス大会において、声を聴く活動を展開する。お褒めやお叱りの声を聴くことで、商品づくりやサービスに磨きをかけるマインドが醸成されます。その結果、コンプライアンス部門は、消費者志向経営とコンプライアンスが密接に関連することを従業員に対して発信することができます。

関連部門から消費者志向経営の理解が得られないと、ホームページにおいても影響力のある場所に掲載されません。消費者志向自主宣言やフォローアップ活動の内容が、CSRの中に掲示されることもありますが、本来CSRの中に含まれるものではありません。また、お客様相談室ホームページの中に掲示することは、消費者志向経営が小さく捉えられる可能性があります。消費者志向自主宣言やフォローアップ活動の内容は、経営戦略の1つとして、トップ画面に掲示があるべきです。また、1クリックで内容が見えることを目指します。お客様相談室は、関連部門からの理解と協力を得るために、主体的に推進しなければなりません。

消費者教育ではなく消費者啓発を行う

消費者志向経営を推進するためには、企業による継続的な消費者啓発活動が必要となります。この活動により、消費者理解を深めることができます。さらに、消費者が積極的に消費者啓発活動を行う企業を選択することにつながります。消費者啓発を核とした消費者と企業との良好な関係を少しずつ大きな輪に広げることで、正しい選択を行う消費者市民社会が形成されます。

消費者に対しては、教育ではなく啓発の意識が大事です。教える側と教わる側にわかれた教育ではなく、双方が気づき合い、理解を深め合う関係です。企業における啓発活動は、本業に関わる内容を、消費者と共有することが事業そのものにプラスになります。商品・サービスに隠されているメッセージを様々な機会で発信することが、企業全体の価値を高めることになります。

具体的な消費者啓発活動例を紹介します。

・商品に啓発的メッセージを表記
・CMを通じてメッセージを発信
・新聞、雑誌、SNSを活用
・消費者向けの講座を行う
・地域や学生に、企業訪問を投げかける
・小学校から大学において、授業や講演を行う

公益社団法人消費者関連専門家会議（ACAP）においても、様々な消費者啓発活動を

実施しています。

・消費者フェアに事業者団体として参加する
・消費生活センターなどに、声を活かした各企業の具体的な改善事例をパネル提示する
・消費者問題に関する「わたしの提言」と題した論文を募集・表彰する
・学校や団体、行政へ講師を派遣する

お客様相談室は、企業の中で最も消費者の気持ちを理解していると言えます。しかしながら、お客様の気持ちをありのままに受け止めるだけではありません。間違った認識や使用方法を正し、不足している知識を補う役割を担っています。

また、企業としては、発信した内容に対し、消費者からの反応や声をいただくことで、気づきを得ることができます。このような仕組みをつくるために、お客様相談室が主体的に動くことが大事です。

4 双方向コミュニケーションとは何か

3大キーワードを意識する

筆者は、消費者志向経営を進化させる3大キーワードを意識してきました。それは「双方向コミュニケーション」「社会の課題解決」「ネガティブ情報の開示」です。この項では「双方向コミュニケーション」について考えたいと思います。２０１６年4月の消費者志向経営の取組促進に関する検討会報告書＊1においても「双方向の情報交換」による「消費者とのコミュニケーションの深化」を示しています。

消費者との双方向コミュニケーションを考えるに際しては、双方向を意識するだけではなく、実践することで、消費者との共創が生まれると捉えます。また、双方向とは何かを、掘り下げて捉えることが大事です。双方向とは、情報の流れが1つの方向ではなく、発信者に対して受信者が反応を伝えることができる環境をつくることです。企業は、一方通行の情報提供が多く、双方向を実践することで消費者志向経営の進化に直結することになります。その環境をつくるための、具体的な場面と実践方法、対象についてお伝えします。

双方向コミュニケーションを行う場面と実践方法

消費者と接する全ての場面において、双方向コミュニケーションを意識し実践します。次の場面の中で、できることから準備し取り組むことが大事です。

・お客様相談室

電話応対の場面では、問合せに返答するだけでは、一方通行です。自然な会話の流れの中で質問をすることにより双方向のコミュニケーションが生まれます。返答した後には「このようなご案内でよろしいでしょうか」などと確認するとや最後に「他に何かご不明な点はございませんでしょうか」と尋ねるだけでも双方向に近づきます。

・お店

お店では、アンケートを活用してお客様の声を集めます。その声を共有するだけでは不十分です。お客様への返答に関わることで双方向となります。返答内容や感想、お褒めの声を、お店に張り出したり、ホームページに掲載します。

最近は少なくなりましたが、店頭試食販売も対話を行うことで双方向のコミュニケーションの場となります。お店と製造企業による協働の仕組みをつくることが理想です。

・チャットボット

メールでも双方向は可能ですが、時間の間隔が空き、微妙な感情が伝わりにくいといった点などがあります。その点、会話形式のチャットボットであれば、双方向の要素が含まれてきます。AIによる親身さのある双方向コミュニケーションは、将来の課題となりますが、有人チャットボットは、お客様接点の機会を広げることになります。特に若年層との双方向を意識した場合は、効果が期待できます。

SNSを活用し、企業のオフィシャルサイトの中で、キャラクターを設定する企業が増えています。より親しみやすく、双方向のコミュニケーションの量が増え質が高まります。

・グループインタビュー

本書において、グループインタビューの重要性をお伝えしていますが、双方向のコミュニケーションの実践の場と言えます。お客様相談室に入った声を深掘りするだけではなく、お客様相談室に入り難い、買っていただけていない消費者の声を集めることができます。専門知識、知見があればより事業に活かすことが可能です。たとえば、女子高生に限定したグループや調理を始めたばかりの高齢の男性など、グループを絞り込むことで、深みのある双方向のコミュニケーションの場となります。

・消費者フェアに参加
消費者フェアの場において、企業ブースや団体のブースを出展します。来場いただいた消費者とは、展示パネルや消費者向けクイズなどを通じて会話が生まれます。

・消費者志向に目を向けている団体のイベントに参加
学生、行政、企業の3団体によるイベントやフォーラムなどが行われています。兵庫県や大阪府をはじめとして、学生との交流を行う先進的な取り組みが行われています。意識の高い学生との双方向コミュニケーションを通して、企業の立場ではわからない新たな気づきがいただけます。

対象となる消費者とは誰を指すか

お得意先、お客様、消費者の順に対象となる範囲が広がります。

企業にとってお得意先の意見は大事です。しかしお得意先の先にある、お客様に目を向けることが、なかなかできていません。消費者志向経営では、さらに範囲を広げて、自社の商品を買っていない方を含めて、消費者全体との双方向コミュニケーションを求めます。買っていない方は、自社の商品に無関心であるか、不満があるか、他企業がニーズに応えていることになります。その声を聴くことが、次に選んでいただける可能性につながり、消費者の選択肢を広げることになります。

消費者全体との双方向コミュニケーションがベースになりますが、消費者理解を深め消費者志向経営を推進するためには、目的に応じて対象を定めることが必要となります。年齢、性別、地域、家族構成、ライフスタイルなどの点から対象となるグループを絞り込むことです。事業に活かせる、より質の高い声が収集されます。消費者と、わくわくする商品・サービス・体験を共有するためには、全ての消費者が一律ではありません。グループごとに興味、関心、好みは大きく異なります。興味の持ち方で関心も返答も全く異なります。たとえば、外車に興味のある人は、街にある外車専門店の場所、店構えを把握しています。一方、外車に全く興味のない人は、そのような店があることさえ記憶にとどめていません。しかし、その人はパンに興味があり、街のパン屋さんの位置から店構え、価格帯、売れ筋まで全て把握できているといった感じです。属性だけではなく、興味・関心に応じたグループ分けを行い、双方向コミュニケーションを取ることは、より効果的な消費者理解につながります。

注

＊1 消費者志向経営の取組促進に関する検討会　報告書　平成28年4月　より抜粋

事業者の消費者に対する具体的行動

消費者志向経営における事業者の消費者に対する具体的な行動の面では、消費者への情報提供の拡充を図るとともに、更に消費者・社会の要望を踏まえた商品・サービスの改善・開発を行うことが重要である。個別には、たとえば以下の点が挙げられよう。

ア　消費者への情報提供の充実・双方向の情報交換

消費者へ提供する情報（商品・サービス内容、取扱方法、問合せ先等）のわかりやすい表示や説明、消費者の行動が社会・環境等に与える影響についての情報提供、消費者からの信頼を確保するような双方向の情報交換

イ　消費者・社会の要望を踏まえた改善・開発

消費者・顧客のニーズに応えるという視点や持続可能な社会の発展や社会の課題解決を図る視点からの商品・サービスの開発・改善

5 社会の課題解決に向けてどう取り組むか

視点を高く持つ

消費者志向経営を進化させる3大キーワードの２つ目は「社会の課題解決」です。社会の課題解決を意識し実践することは、消費者志向経営の本質を追求することになります。

まず、自社と関わる社会課題は何であるかに目を向けます。多くの社会課題の中から選択し、優先順位をつけます。その社会課題の解決が、本業の継続的発展にとって必要となるものを選択します。社会的責任であるＣＳＲの概念に、本業に結び付くＣＳＶ（Creating Shared Value：共通価値の創造）の視点を取り入れた考え方と言えます。普遍的な社会課題だけではなく、時代の潮流、トピックを的確に捉えます。

さらに社会課題の解決に向けた取り組みプロセスは、自社だけではなく、業界全体の発展や市場の広がりにつながるものです。企業の枠を超えて競合他社との協働が業界、産業を強くすることになります。そのためには、視点を高く、鷹の目を持つことです。自社のデスクに座っている自分ではなく、社屋のある建物の上に立つ、街の上から眺める、さらに地球の真上から俯瞰してみる視点を持つことです。その結果、競合他社との双方向コミュニケーションの場を持つことや、業界の課題として考えることができます。経営トップ同士は、市場全体の広がりや消費者視点に立った市場の活性化を語り合うことができます。

業界全体で課題解決に取り組む

業界における社会の課題を考えるに際しては、営業部門や製造・開発部門だけではなく、消費者に近く影響力のあるCSR、品質保証、法務などの部門における課題にも目を向けます。これらの部門からは、業界全体で解決に向けて取り組むことを、経営トップに提言することが大事です。業界全体として考える発想をお客様相談室が推進する役割を担います。お客様相談室同士は、同じ業種、ライバル企業であっても、よりよい消費者対応を行い、消費市民社会を形成するため、情報を共有し、考え、話し合いをしています。高い次元の目的、目標が同じだからこそできることです。現在、同業他社との情報共有などができていない企業のお客様相談室は、機会を見つけ同業他社に働きかけを行う意識を持つことから始めていただきたいと思います。

お客様相談室は、業界の橋渡しだけではなく、消費者を巻き込み社会の課題解決を図る役割を担います。消費者問題、消費者啓発、そして消費者志向経営を、消費者団体、行政、学生などと共有し双方向コミュニケーションを行います。そこで得た情報や課題を経営トップに提言します。

未来、次世代を意識し行動する

消費者志向経営は、それ自体が目標ではありません。企業は未来、次世代に向けて消費者から選ばれ続けること、そして、持続可能な社会をつくることが目標です。この目標を達成するための手段が消費者志向経営となります。持続可能な社会をつくるという目標は、ＳＤＧｓやＣＳＶ、ＣＳＲ、ＥＳＧ投資も同じです。企業としては、消費者のニーズに答えるだけではなく地域、社会、環境に貢献できる商品づくり・サービスの提供が求められます。本業を通じて地域、社会、環境に貢献することです。

そのためには、未来、次世代を意識し、お客様や消費者、社会の声を真摯に受け止めて行動する必要があります。人口問題、食料危機、地球温暖化など社会課題に広く目を向けます。また、商品やサービスを通じてつながりのある障害者、高齢者、外国人に目を向けることは、社会の課題解決につながる大事な視点と言えます。本業を通じて何に貢献できるかを考えることが、企業の社会価値を高めることになります。

6 ネガティブ情報の開示に向けて動き出す

消費者に必要な情報とは何かを考える

消費者志向経営を進化させる3大キーワードの最後は「ネガティブ情報の開示」です。企業は消費者に対して、商品やサービスに関する情報をわかりやすく提供します。このこと自体は消費者基本法の中でも触れている消費者の権利の1つであり、事業者としての責務でもあります。消費者志向経営は、消費者の権利と事業者の責務を前提として、そこから消費者視点を1歩すすめた経営の在り方となります。本書で進化に向けた3大キーワード「双方向のコミュニケーション」「社会の課題解決」もそこに位置します。さらに本項でお伝えする「ネガティブ情報の開示」は、情報発信の一つではありますが、多くの企業では行えていないことです。ポジティブな情報の提供だけではなく、消費者にとって必要な情報とは何かを考え、ネガティブな情報の開示に目を向けることが消費者志向経営の進化につながります。

ネガティブ情報の例としては、次の内容です。

・苦情受付件数
・苦情情報の内容、分類された結果
・発生頻度の高い苦情内容
・苦情発生時の対応フロー
・苦情発生事実と調査結果、対応結果
・商品回収状況とその対応方法、回収率
・お客様誤使用の発生状況とその対処方法
・お客様誤使用の注意喚起説明の在り方　など

ネガティブ情報は信頼を高める

苦情や回収は、行政機関など第三者から発信されるとマイナスイメージとなります。企業自らが自責の観点から発信することが大事です。ネガティブ情報は、商品価値を下げる、ブランドを傷つけると考えがちになりますが「迅速」「正確」「丁寧」に状況や対応策を開示することは、信頼を高めることになります。

ネガティブ情報は、ホームページやCSRレポート、そして、消費者志向自主宣言のフォローアップ報告として開示します。CSRを含めた統合報告書を発行する企業が増えましたが、苦情内容や回収状況などネガティブ情報を掲載している企業は限られています。＊2

また、自主回収をホームページに掲載する企業はあっても、回収の進捗状況や回収結果の掲載は行えていません。発生内容や回収方法によって異なりますが、目標回収率を掲げ、回収結果を開示してこそ、企業の社会的責任を果たすことになります。回収率が低ければ、告知の仕方に問題があったか、回収対象商品がわかり難かったなど、今後の反省と改善につながります。さらに回収対応の反省点と今後の改善策を公表することにより、消費者は企業に対する理解を深めることになります。

ネガティブ情報は、わかりやすく発信することで信頼が高まります。専門用語を控え、平易な言葉を用いることです。特に品質に関わる苦情や回収内容を説明する際に、消費者は専門的な説明を求めてはいません。商品使用時のリスクや企業姿勢として対策が打てたことが伝われば十分です。社内や得意先に対しての報告や対応策とは、目的も表現も異なります。発信する情報は「伝える」ではなく「伝わる」を意識します。

経営トップが理解を示す

ネガティブ情報の開示には、社内でコンセンサスが必要です。経営トップが理解を示し、推進することが第一です。その上で経営層だけではなく従業員の理解を求めます。開示により、社外の得意先、取引先、投資家は知っていて、従業員が知らなければ、信用を失います。そのため、従業員が、苦情、回収、誤使用などの内容や、再発防止対策に目を向けることになります。ネガティブ情報の開示は、企業を変え、先進的消費者志向経営を推進する貴重な取り組みとなります。

注

＊2　株式会社クボタ　KUBOTA REPORT 2020にてリコール件数の他、不具合の状況、改

善措置の内容、対象車両を列記しています。

【参考文献】
・古谷由紀子『CSR報告書調査・研究―企業はネガティブ情報をどう開示しているか』NACS東日本支部 コンプライアンス経営研究会（2007年）

7 消費者志向自主宣言の取り組み方

消費者志向自主宣言の現状と背景

消費者志向自主宣言は、消費者志向経営に取り組むことを自主的に宣言したものです。宣言に際して、審査や認証などはありません。各企業のホームページに宣言文を掲載します。＊3宣言を公表した企業数は、徐々に増えてきているといった状況です。消費者庁をはじめとする行政や経済団体、事業者団体も推奨していますが、広く浸透までには至っていません。一方で、社会に目を向ける企業は増加しています。従来からのCSRや、注目されているSDGs、ESG投資、CSV経営など目を向ける対象が多く、その中にあって、消費者志向経営という言葉は目にする機会があまりありません。しかし、企業における経営の在り方として、消費者に目を向けた考え方と実践は根幹をなすものであり、その進化なくして企業の持続性は危ぶまれるものと言って過言ではありません。そのためにも、宣言企業が増えること、社会の中における認知度が高まることが期待されます。企業が宣言を行わない理由としては、主に3つと考えます。

・消費者志向は当然の考え方であり今更宣言するものではない
・宣言した後に問題を起こすリスクを考えると宣言はできない
・宣言に向けて、経営トップの了承を得るのに負荷がかかる

消費者志向経営の本質

特に1点目が大きな要因となっています。多くの企業は、企業理念、経営理念、行動指針の中でお客様第一を謳っています。経営トップは、お客様志向が大事と掲げています。このような中で「なぜ今になって改めて消費者志向なのかがわからない」といった声が聞

こえてきます。しかしながら、このような声を真摯に受け止めることにより、消費者志向経営の本質が見えてきます。

消費者志向経営は「現在、行っていることそのものであり、それを宣言すればよいだけ」という意見を耳にします。しかし、筆者は現状維持ではなく、現状から進化させることに意義があると考えます。弱い部分や欠けている部分、課題としていることがどの企業にもあるはずです。経営トップから全従業員一人一人にいたるまで、消費者志向が浸透している企業は限られています。前項までにお伝えした、双方向コミュニケーション、社会の課題、ネガティブ情報の開示などの視点においても十分ではありません。各企業に、現状から進化させるという、消費者志向経営の本質を伝えきれていません。

自社は様々なリスクを抱えているとの意見もよくわかります。しかし、リスクを抱えていない企業はありません。完全な状態での宣言は誰も求めていません。まずは、できることから取り組み、長期的視点に立って毎年1歩ずつスパイラルアップさせることが重要です。

会社を変えるエンジンとなる

宣言内容を公表することにより、企業の消費者志向の姿勢がわかります。また、1年間の活動をフォローアップ活動として公表することにより、できたこと、できなかったことが明確に整理されます。自社の取り組みの見直しだけではなく、他社の取り組みを知ることで、企業全体の消費者志向の質が向上します。

この考え方を落とし込んだ上で、お客様相談室は、宣言に向けて、社内コンセンサスを得ること、消費者志向自主宣言文の草案をつくります。そして、この草案を基に、経営企画など関連部門を中心に文章をつくり上げて行きます。大事なことは草案時に、各部門、経営層の思いを聞くことです。さらに、経営トップに思いを聞き、経営トップの言葉を用いて最終文章とします。消費者志向自主宣言文は、社外の人が読んでもわかる内容とすること、従業員の行動に結び付く内容とします。中長期の視点に立った戦略的宣言となります。

フォローアップ活動報告の作成にあっては、宣言文に沿って、行った内容をわかりやすく消費者に伝える意識を持ちます。このフォローアップ活動を作成する中で、強化すべきところが見えてきます。次年度に向けた、課題設定を行い、進化に向けた計画を立てます。大草案作成からフォローアップ活動報告の作成まで、経営トップの了承を得るためには、大きな負荷がかかりますが、それは将来のために当然のこととして捉えます。時間だけではなく、推進者は多くの熱量を要します。一番その趣旨を理解し、役割を担っているのは、お客様相談室です。社内外の協力を得ながら、現場感覚と消費者視点を持ちつつ推進することができます。会社を変えていくエンジンとなるのは、お客様相談室です。

注

＊3　以下は、消費者志向自主宣言の作成にあたり、参考となる、事業者が取り組む柱です。
消費者志向経営の取組促進に関する検討会　報告書　平成28年4月　より抜粋
①経営トップのコミットメント
②コーポレートガバナンスの確保
③従業員の積極的活動（企業風土や従業員の意識の醸成）
④事業関連部門と品消法関連部門の有機的な連携
⑤消費者への情報提供の充実・双方向の情報交換
⑥消費者・社会の要望を踏まえた改善・開発

当初提示された6つの柱の見直しが行われ、新たに3つの活動が提示されました。
消費者志向経営の推進に関する有識者検討会　報告書　令和3年3月より抜粋
3つの活動
○みんなの声を聴き、かついかすこと

○未来・次世代のために取り組むこと
○法令の遵守／コーポレートガバナンスの強化をすること

8 消費者志向経営推進の効果

信頼につながる5つの品質を高める

「消費者志向経営の取組促進に関する検討会」報告書において、消費者志向経営の取り組みが一層進展することによる効果が、まとめられております。＊4この中で、消費者からの「信頼の確保が進展する」とあります。また、信頼により、新たな顧客の獲得、ブランド価値の向上などにつながることが期待されること、持続的成長と中長期の企業価値向上が効果として記されています。

本書においては、なぜ消費者志向経営の推進が、消費者からの信頼を高めるのか、その理由について掘り下げて考えてみたいと思います。消費者からの信頼は、カスタマーエクスペリエンスとしてお伝えした、企業と消費者との様々な接点における品質評価を統合した結果から得られるものと言えます。そこで、消費者志向経営を推進することで、消費者からの信頼につながる5つの品質についてお伝えします。

1．人材の品質を高める

消費者志向経営の推進は、人材の品質を高めることになります。なぜなら、従業員一人一人の意識の中で仕事を行う目的が明確になるからです。消費者のためにと考え行動することが、自社のため、社会のため、自分自身のため、との認識を持つことになります。消費者のためにとは、消費者に関心を持つことです。営業であれば、得意先の反応だけではなく、その先のお客様や消費者の反応に注目します。消費者に選ばれ続ける商品・サービスを販売するためには、顕在ニーズだけではなく潜在ニーズにまで目を向けることになります。管理部門も自らの業務が消費者満足につながることを意識します。たとえば、経理部門であれば、ESG投資と消費者志向経営の関連性の理解を深めた上で、目的意識が明確になり、より質の高い経理業務の実践につながります。

消費者志向の視点に立った従業員の思考と発言と行動は、様々な場面で消費者に直接伝わります。また、商品・サービス、CM、販促物、キャンペーンなど、それぞれの成果物を通じて間接的にも消費者につながります。これらは全て信頼に結び付くものです。

2. 経営の品質を高める

消費者志向経営の推進は、従来と異なる指標に目が向き経営の品質が高まります。売上、利益、ＲＯＥなどを重視する視点に加えて、消費者に関わるＫＰＩに関心を持ちます。顧客ロイヤルティを知るためのＮＰＳに注目します。経営トップは、消費者、社会、地域において影響力があります。ホームページや会見、インタビュー、ＳＮＳなど様々な媒体を通じて発するメッセージの土台が、消費者を中心とした消費者志向の発言となります。

また、消費者ニーズを捉えた影響力あるメッセージを発することができます。たとえば、毎年5月は、消費者月間があります。5月に経営トップとして従業員にメッセージを動画で配信することなども可能です。さらにその動画をホームページ上で消費者に公表することは、社会的にも意義のあることであり、消費者からの信頼を増すことにつながります。

3. 商品・サービスの品質を高める

消費者志向経営の推進は、ＶＯＣ活用を通じて、商品・サービスの品質を高めることになります。商品づくり、サービスにおいて、目の前の仕事を点としては見ません。現状維持ではなく、お客様体験の一環として満足、感動を求めた品質の追求が始まります。マーケティングや開発などの部門は、企画段階からマーケットリサーチに重点を置き、半歩先の消費者の声を聴くことから商品づくりをスタートさせます。製造部門で働く従業員は、目の前の商品づくりを作業として見るのではなく、喜んでいただける消費者の声を思い出し、顔を思い浮かべ、満足を得る仕事として捉えます。サービスの現場で働く従業員は、お客様がリピーターになっていただくことの重要性を認識したサービスを行います。プロダクトアウトではない、カスタマーアウトの思考から生まれる商品・サービスの品質は、消費者からの信頼につながります。

4．お客様対応の品質を高める

消費者志向経営の推進は、お客様対応の品質を高めます。電話応対の品質だけではありません。お客様と接点のある全ての従業員の対応品質が高まって行きます。なぜなら、お客様対応の重要性が認識され、双方向のコミュニケーションづくりが意識されることになるからです。また、社内における声の位置づけが高まり、従業員の関心が集まることも対応品質を高めることにつながります。声は、消費者接点のある様々な手段で収集されることが促進されます。消費者接点がある部門においては、一方通行のコミュニケーションではなく、双方向のコミュニケーションをとるために何をすべきか考え始めます。マネジャーや経営層は、双方向を意識した仕組みづくりを考え始めます。全社の中でも、声が集まるお客様相談室は、その役割が再認識されることになります。お客様からの信頼度は、NPS調査により数値化され確認を取ることができます。

5．ブランドの品質を高める

消費者志向経営の推進は、VOC活用を始めとする商品ブランドの向上だけではありません。人材、経営、お客様対応、それぞれの品質向上を連動させることにより、企業全体としてのブランド、企業ブランドが高まります。企業ブランドを高めることは、選ばれ続ける企業となるために最も大事な要素となります。企業ブランド＝信頼のブランドとなることは、企業にとっても、ステークホルダーにとっても望まれる姿です。

信頼につながる5つの品質の中で要となるのは、人材の品質です。消費者志向経営を意識し、自らの業務の中で消費者志向を実践する人材が育ち継承されることです。その結果、企業内に消費者志向の文化が醸成されます。このような人材集団は、企業を成り立たせるための、コンプライアンス意識や従業員とのエンゲージメントを高める役割をも果たします。

注

＊4　消費者志向経営の取組促進に関する検討会　報告書　平成28年4月　より抜粋

第3節　消費者志向経営の進展により期待される効果

①事業者の持続的成長と中長期の企業価値の向上

②消費者トラブルの減少

③コンプライアンス意識の向上によるリスクの軽減

④従業員のモチベーションの向上

9　先進的取り組み事例を学ぶ

各企業の消費者志向自主宣言とフォローアップ活動報告は、消費者庁のホームページに掲載されています。掲載内容を見ると、企業独自の取り組みには、目を見張るものがあります。参考にしていただきたい先進的取り組み事例を課題ごとに分けてお伝えします。

経営トップのコミットメント

経営トップのコミットメントを宣言文に記載するだけではなく「お客様本位」の考え方、お客様や社会の課題を解決していくことの重要性を社長メッセージとして、グループ全体の社内報や社内イントラネットを通じて発信している企業があります。また、中期経営計画の中で「消費者志向経営の推進」を明記している企業や「消費者との対話を通じた価値創造」を掲げている企業もあります。

コーポレートガバナンスの強化

経営会議の場にてお客様の声を共有し、活用している企業があります。お客様の声を重要視している顕著な例としては、経営会議の冒頭に「お客様の生の声」として音声による共有を行っている企業があります。「厳しい声」「嬉しい声」から合計3件を毎回共有しています。また、別の事例としては、経営会議におけるお客様の声の報告だけではなく、お客様の声を基に、品質向上や製品設計、企画などの議論を行い、議論した内容を現場に向けてすぐに共有し展開される仕組みを構築している企業があります。経営層がお客様の声を聴くだけではなく、活用することは、消費者志向経営を推進する鍵となるコーポレートガバナンスの強化につながります。

声を聴く活動

お客様の声を聴く活動は2つあります。1つ目は、録音した音声を編集して従業員が聴く活動です。「お客様の声を聴く会」を定期的に開催している企業があります。Web会議ツールを活用することで、全社員を対象とした聴く活動も展開できます。「お客様の声を聴く活動」として、従業員のうち毎年約10000名が朝礼や会議、コンプライアンス大会など、社員が集まる場を活用して実施している企業もあります。

2つ目の声を聴く活動は、お客様相談室などにてリアルタイムで声を聴く活動です。社長を始め役員、商品開発責任者などの従業員に向けて「直接お客様の声を聴く」活動として展開しています。別の事例としては、随時、お客様相談室にてお客様の声を聴く活動を、受け付けている企業もあります。中には、工場、研究所、品質管理、商品開発、マーケティング、販売などの部門と関係会社から毎年100名を超える聴講希望者を受け入れている企業があります。さらにグループ内にある専門学校の学生を対象として、授業にてモニタリング（声を聴く活動）を実施した上でワークショップを実施している企業もあります。これら声を聴く活動は、消費者志向経営推進の原点です。声は聴くことで価値が高まり、企業文化や従業員の意識の醸成となります。

社内研修による消費者志向経営のすすめ

消費者関連部門が各種研修会などを活用し、全国37箇所にて1928名の従業員に対し消費者志向経営の説明を実施している事例があります。お客様に一番近い立場からの説明は、具体的で説得力が増します。また、企業の中には、高齢者体験ワークショップとして、従業員が要介護1に相当する擬似体験グッズを身につけて、買い物を4回実施するなど、高齢者への共感と課題の発見を行っているところもあります。

資格や講座を活用した事例は多く見られます。「消費生活アドバイザー」「電話応対技能検定（もしもし検定）」「お客様対応専門員（CAP）」「ユニバーサルマナー検定」「ユニバーサルコミュニケーションデザイン（UCDA）認定」「認知症サポーター養成」などに取り組み、取得者数などを掲載しています。企業としてどのように資格取得の支援に関わるかは、事例を通してわかります。資格取得を全社の取り組みとして、社長、役員が資格取得に参加している企業もあります。

消費者月間を活用した事例

消費者基本法の前身である消費者保護基本法が施行された5月は「消費者月間」と定められています。

「消費者月間」のポスターを掲示するだけではなく、様々な取り組み事例があります。部門単位で消費者志向に関する意見交換の実施や社外専門家による消費者志向に関する講演会の開催「お客様月間記念シンポジウム」などの事例です。また、社長メッセージとして、消費者月間の意味や消費者志向経営の推進を発しています。さらに、社長メッセージをホームページに掲載し、広く消費者に投げかけている企業もあります。

消費者志向経営の周知のための先進的アイディア

消費者志向経営の周知に向けた先進的なアイディアを紹介します。

「消費者志向自主宣言」周知のために、配布用ＤＶＤを作成「消費者志向自主宣言」のポスター掲示、社内報で「消費者志向自主宣言」連載などが行われています。

文字化されたお客様の声は、様々な方法で発信されています。圧倒的な影響力があるのは、パソコン起動時にお客様の声がポップアップされる方法です。毎日3事例が画面に表示されることでお客様理解と日々の業務改善につなげられています。

関連部門との有機的連携

フォローアップ活動の中では、お客様の声を活用する仕組み、関連部門と連携した会議が掲載されています。参加部門や頻度なども様々ですが、お客様相談室が主催の会議が多く見受けられます。中には、お客様からの声だけではなく、消費生活センターを訪問し、消費生活センターに入った声を定期的に、関連部門との会議に活かしている企業もあります。

双方向コミュニケーションの先進的事例

消費者代表の方や、消費生活センター、学識経験者などとの双方向コミュニケーション事例があります。情報交換の他、講演会やパネルディスカッション などの意見交換も実施されています。

また、WebサイトやSNSを活用した動きが始まっています。公式フェイスブックを用いた情報の提供や『Yahoo!知恵袋』に企業として返答し、閲覧の多い情報は自社のホームページに掲載するなどです。その他「ツイッター」や「LINEアプリ」の公式アカウントを開設している企業もあります。デジタルツールを活用したコミュニケーションは、増加の傾向にあります。

さらに、AIを活用した双方向コミュニケーションは、保険・金融関係と一部の食品企業で始まっています。ホームページ内で、AIチャットボットやバーチャルオペレータとしての活用があります。

調査やアンケートの在り方

NPS（Net Promoter Score）による推奨度の仕組みを構築している企業の中に、顧客接点ごとのポイントを公表している企業が数社あります。不動産業であれば、初来時、契約時、引渡し時、入居1年目、入居2年目と、フェーズごとのアンケートとなります。推奨度の計測と同時にその理由を関連部門と共有し、ものづくりやサービスに活用しています。厳しい意見も顧客ロイヤルティ向上のための貴重な資源となります。

顧客接点ごとのアンケートを経営レベルで活かしている自動車学校があります。仮免学科試験合格後と卒業検定合格後の計2回、合格者から声を聞き出し毎週月曜、水曜、土曜の朝礼で共有しています。また、保護者に対しては、入校時、仮免学科合格時、卒業検定合格時に直接電話をして、教習状況の報告を行うと共に、保護者の声を集めています。さらに卒業後3ヶ月〜6ヶ月に卒業生に電話をかけます。この内容を全体会議で共有し、教習内容の質向上を図ることに活かしています。

ネガティブ情報の開示

筆者は、フォローアップ活動報告における苦情の開示には、大きく3段階あると捉えています。多くの事例としては、第1ステップまでの開示ですが、ネガティブ情報の開示度合いが高い、第3ステップの事例を見ることができました。

第1ステップは、苦情比率や件数を公表

第2ステップは、苦情内容の分類項目を示す

第3ステップは、苦情と対応内容、その特徴を示す

その他、過去3年間の苦情推移を公表している企業もあります。

また、苦情の分類項目や内容は、業界によっては専門的で一般消費者には、わかり難いものです。言葉の持つ意味や内容の説明を一覧にしている企業を見ることができました。消費者や読み手の立場に立った発信を心がけている企業姿勢の表れと言えます。

消費者・社会の要望を踏まえた改善・開発や地域社会とのつながり

食品企業4社により企業の枠を超えた取り組みが行われています。4社が協同で、食物アレルギーに関する情報発信や啓発活動、商品の普及活動などに取り組む「プロジェクトA」の活動を開始しています。ここでは「食物アレルギー配慮レシピ」の開発と各社ホームページでの公開、イベントの開催などを行っています。

他には、UD（ユニバーサルデザイン）視点での改良実施率とアイテム数の公表や、音声コードUni-Voice（印刷物を読みあげるアプリ）の導入企業の事例があります。

消費者志向経営は、地域社会とのつながりを大事にします。フォローアップ活動報告の中においても、工場見学や出前事業、消費者フェアなどへの参加が公開されています。1年間で20万人の方に来場いただく企業や小学校への出前授業、食育セミナーなどの活動を見ることができます。

以上、先進的取り組み事例をお伝えいたしました。最後に参考として資格や検定を紹介いたします。これらも消費者志向経営の推進につながります。視野を広く持ち、積極的に挑戦していただきたいと思います。

【参考情報】

・「消費生活アドバイザー」一般財団法人日本産業協会
消費者と企業や行政の架け橋として、消費者からの提案や意見を企業経営ならびに行政などへの提言に効果的に反映させるとともに、消費者の苦情相談などに対して迅速かつ適切なアドバイスが実施できるなど、幅広い分野で社会貢献を果たす人材を養成することを目的としています。

・「電話応対技能検定（もしもし検定）」公益財団法人日本電信電話ユーザ協会
「お客様に喜ばれるビジネス電話応対」の実現、電話応対のエキスパートとして即戦力になり得る社内の指導者の育成を目的とした検定制度です。電話を受ける、かけるなどの電話応対やビジネスマナー、日本語の基本知識などの従来型の「電話応対教育」に加え、場面や人によって臨機応変に応対することができるコミュニケーション能力を養い、電話応対に生かしていく「新しいコミュニケーション教育」を実施しています。

・「お客様対応専門員（CAP）」一般財団法人日本産業協会
お客様相談に関する幅広い知識を評価する資格です。消費者問題の歴史を踏まえ、消費者保護に関する各種法令や消費者行政に詳しい消費者対応・お客様相談のプロフェッショナルとしての資格としています。

・「ユニバーサルマナー検定」一般社団法人日本ユニバーサルマナー協会
高齢者、障害者など多様な方々に向き合うための「マインド」と「アクション」を体系的に学び、身につけるための検定です。

・「UCDA認証」一般社団法人ユニバーサルコミュニケーションデザイン協会
「見やすいデザイン」と「伝わるデザイン」で「認証基準」が異なります。

UCDA認証「見やすいデザイン」は「デザインの見やすさ」を評価・認証するものです。UCDA認証「伝わるデザイン」は、多様な生活者、高度な知見・経験を持つ専門家が評価します。ユーザーの理解度まで検証して「伝わりやすさ」を認証します。

・「認知症サポーター養成」特定非営利活動法人地域ケア政策ネットワーク

国や地方、公共団体、各業界団体、認知症当事者らが一体となり、認知症バリアフリーの取り組みを推進していくために設立された組織です。認知症に対する正しい知識と理解を持ち、地域で認知症の人やそのご家族に対してできる範囲で手助けを行います。所定の養成講座を受講した者を、特定非営利活動法人地域ケア政策ネットワークが、認知症サポーターとして認定します。

おわりに

消費者志向経営については、7章でお伝えしましたが、全ての章におけるベースは消費者志向経営の推進にあります。消費者志向経営の視点に立った上でのお客様対応であり、VOC活動の取り組みと言えます。その原点は「声を聴く」から始まります。

消費者志向経営には「声を聴く」という明確なスタートラインがあると私は考えています。この考え方は、SDGs、ESG、CS、CSR、CSV経営に当てはめることも可能です。「声を聴く」ことに重きを置けば、行うべきことが見えてきます。この点に気が付くことで、応対品質の向上に目が向くことになります。一度目が向けば、その企業は確実に力をつけることができます。

コンクールで上位入賞し、トップクラスの応対品質を誇るある企業があります。この企業は、数年前に筆者のところに来て、応対品質向上の仕組みを知りたいと言ってきた企業の1つです。部門全体の応対品質を向上するには、4年から5年の時間を要します。ただ、本気で取り組む企業は目に見える進化を遂げていくことを肌で感じました。

消費者志向経営の取り組み方は、環境や消費者の変化に対して、半歩先を行く意識を持ちたいものです。これまでは、消費者、行政、企業のトライアングルを意識したものでした。これからは、同業他社との横の協働、仕入先・供給先との縦の協働をより意識する必要性を感じています。同業他社とは、ネガティブ情報の共有をできるところから行います。また、仕入先・供給先との関係においては、双方向のコミュニケーションをより意識してみることです。また、消費者の声を大事にするのは、販売先を消費者とする企業だけではありません。販売先が企業であっても同様です。販売先である企業の先にいる消費者に目を向けて、多くの企業に消費者志向自主宣言を行っていただきたいと思っています。

本書を書き終えた今、これまでのお客様対応部門運営の中で、こうあるべきと考えても実行できなかったことがいくつもあったと反省しています。特に、メンバーファーストの章は、自分自身の行いを振り返り、至らない点が多々ありました。メンバーファーストの考えは、お客様相談室のマネジャーや室長にとって根幹を為すものであり、特にお伝えしたかったため、1つの章として切り出しています。また、難クレーム対応については、組織に助けられ、組織に育てられたと身を持って感じています。特に組織を横断した苦情対応チームメンバーからは、的確な指導と全面的な協力をいただけたことに深く感謝しています。

本書は、マニュアルではありません。消費者志向経営の推進を土台に置き、自分自身の体験に基づき、確信している内容だけを記述しました。お客様相談室の状況を述べるのではなく、あるべき姿を示すことを意図しています。お客様相談室の仕事領域は広く、さらに広がりを見せています。その中で大事であると考えた部分を抽出しています。記載した内容は、企業やみなさんの置かれている立場によっては、議論すべき余地も多々あります。本書をたたき台として、それぞれの方針や仕組みを定めていただきたいと思います。

お客様相談室は、企業を変えるエンジンとなる力を備えています。また、大きな魅力があります。その思考と実践により、社内で最も行きたい部署となることを願っております。本書がみなさまのお役に立てればとても嬉しく思います。

齊木 茂人

【著者】
齊木 茂人（さいき しげと）
消費者志向経営コンサルタント。
齊木総合研究所代表。
1961年生まれ。立命館大学法学部卒業後、食品企業に入社。24年間の営業を経て、10年間消費者対応部門に所属。マネジャー、室長、部長職を務める。2020年、消費者志向経営の支援をテーマに独立開業。公益社団法人消費者関連専門家会議会員。
12年間で約3,000件を超える苦情対応の実務経験を活かし、お客様対応の基本から難クレーム対応まで実践的支援を実施。また、ＳＤＧｓにつながる消費者志向経営の推進に向けて、お客様の声を聴く活動、活かす活動の浸透を広く展開。セミナー、研修、講演のこれまで受講者数は約2,400人。最新の企業事例を用いたケーススタディに定評がある。
主なテーマ
お客様満足向上／難クレーム対応／自主回収時の対応／消費者志向経営／ＶＯＣ活動／お客様相談室立ち上げ・強化など
公式サイト　https://www.saikisoken.com/

お客様相談室の教科書
2021年11月16日　　第1刷発行

著　者――― 齊木茂人
発　行――― 日本橋出版
〒103-0023　東京都中央区日本橋本町2-3-15
https://nihonbashi-pub.co.jp/
電話／03-6273-2638
発　売――― 星雲社（共同出版社・流通責任出版社）
〒112-0005　東京都文京区水道1-3-30
電話／03-3868-3275

ISBN 978-4-434-29442-6